OSTERIE D'ITALIA

100 Originalrezepte

OSTERIE D'ITALIA

Slow Food Editore

CHRISTIAN

Produktmanagement: Annemarie Heinel
Übersetzung aus dem Italienischen: Katharina Schmidt und Barbara Neeb
Textredaktion: Monika Judä
Korrektur: Regina Jooß
Gestaltung und Satz: Martin Feuerstein, Wigel
Umschlaggestaltung: Caroline Daphne Georgiadis, Daphne Design
Repro: Repro Ludwig, Zell am See
Herstellung: Bettina Schippel

Gesamtherstellung Verlagshaus GeraNova Bruckmann GmbH

★★★★★

Sind Sie mit diesem Titel zufrieden?
Dann würden wir uns über Ihre Weiterempfehlung freuen.
Erzählen Sie es im Freundeskreis, berichten Sie Ihrem Buchhändler, oder bewerten Sie bei Onlinekauf. Und wenn Sie Kritik, Korrekturen, Aktualisierungen haben, freuen wir uns über Ihre Nachricht an:
Christian Verlag, Postfach 40 02 09, D-80702 München oder
per E-Mail an lektorat@verlagshaus.de.

Unser komplettes Programm finden Sie unter www.christian-verlag.de

Alle Angaben dieses Werkes wurden von den Autoren sorgfältig recherchiert und auf den neuesten Stand gebracht sowie vom Verlag geprüft. Für die Richtigkeit der Angaben kann jedoch keine Haftung übernommen werden.

Die Deutsche Nationalbibliothek verzeichnet diese Publikation in der Deutschen Nationalbibliografie; detaillierte bibliografische Daten sind im Internet über http://dnb.d-nb.de abrufbar.

Die Originalausgabe mit dem Titel *La grande cucina delle Osterie d'Italia* wurde erstmals 2013 von Slow Food® Editore, Via della Mendicità Istruita, 45, 12042 Bra (Cn), Italien veröffentlicht.
Tel.: +39 0172 419611, Fax: +39 0172 411218
editorinfo@slowfood.it – www.slowfood.it – www.giunti.it

ISBN 978-3-86244-680-3

Inhalt

OSTERIE D'ITALIA

Auf diesen Seiten geht es um die Zukunft der italienischen Gastronomie. Davon sind wir überzeugt, deswegen sagen wir es gleich ganz klar und deutlich. Der Grund dafür liegt auf der Hand: Osterie und auch Trattorie vertreten die italienische Küche in der ganzen Welt, sie sind unsere wichtigsten Botschafterinnen und hinter unseren besten Wirten steht all das, was sie auszeichnet: das Terroir, die Familien, kleine Erzeuger und Stil. Kurz gesagt die Lebensart, um die uns so viele beneiden. Die Lebensart, welche die kulturellen und gesellschaftlichen Werte vom geselligen Beisammensein mit der Qualität und dem einzigartigen Geschmack unserer traditionellen Regionalküchen vereint. Es ist bestimmt kein Zufall, dass seit einigen Jahren alle – von den großen Chefs bis hin zu den Medien – versucht haben, Geschichten und Modelle der Osterie in snobistische Speisenkarten, kommerzielle Projekte und Fernsehsendungen zu übernehmen. In den italienischen Trattorie mit ihrem prall gefüllten Alltag wird dagegen einfach stillschweigend weiter gearbeitet wie immer: Man kauft auf dem Markt ein, pflegt gute Kontakte zu den Erzeugern, sucht ständig nach neuen Rezepten und führt ein offenes, gastfreundliches Haus. Und zwar für jeden Gast, egal mit welchem Budget. Diese Gastlichkeit beruht auf Familientradition. Sie beruht auf Rezepten, die seit Generationen weitergegeben wurden, aber auch – gerade in jüngster Zeit – auf originellen Konzepten, die durch die jungen Leute und deren Arbeit einen vollständig neuen Bezug zur Region herstellen. Sie sind es, die die Grundlage für die neue italienische Trattoria schaffen, unsere ganz eigene Antwort auf die allgemeinen Tendenzen, die Gastronomie auf der ganzen Welt zu nivellieren.

Wir möchten hier die Lokale vorstellen, die am besten unserer Idealvorstellung von einer zeitgemäßen Trattoria entsprechen, so wie wir sie verstehen. Verbundenheit mit der Region, Kochen mit saisonalen Produkten, enger Kontakt mit den Erzeugern, damit sich beinahe so etwas wie eine „Nahrungsgemeinschaft" bildet. Eine Gemeinschaft, die sich einerseits der Tradition verpflichtet fühlt, aber trotzdem in der Lage ist, diese Tradition auch zu überdenken und neue Wege zu beschreiten. Es geht um Orte, an denen man sich auf die wahre Gastlichkeit versteht, nämlich die, die von Herzen kommt, und an denen nicht nur professioneller Service mit künstlichem Lächeln und falscher Dienstbeflissenheit geboten wird. Es geht um Orte, wo man vor allem gutes Essen bekommt.

Außerdem haben wir festgestellt, dass wir Fotos wollten, schöne Bilder von den Menschen, von Gerichten, von Küchen, in denen Leute eifrig bei der Arbeit sind, von großen und kleinen Lokalen, Speiseterrassen und anderen Außenflächen. Wir wollten die Menschen zeigen, die Tag für Tag ihr Leben ihrer großen Leidenschaft widmen. Und wir haben uns gesagt: Seit mehr als 20 Jahren schreiben wir nun schon über die Osterie, veröffentlichen ihre Gerichte und die Rezepte, aber wir haben noch nie (na ja, fast nie) das gezeigt, worum es uns eigentlich geht, nämlich die Atmosphäre dieser Lokale. Und das war der Ausgangspunkt für dieses Buch: Lasst uns den Bildern mehr Raum geben und uns das Verhältnis einmal umkehren, lasst uns weniger Worte brauchen! Einige unserer besten Autoren haben an diesem Buch geschrieben, doch das wirklich Neue ist der fotografische Blick von drei Meistern ihres Fachs. Kein italienischer Verlag hat bisher den Versuch unternommen, das wahre Wesen unserer Osterie so umfassend zu erfassen und zu dokumentieren. Es war eine aufregende, bewegende Erfahrung und wir sind überzeugt, dass unsere Leser das spüren und sehen werden. Wir haben hier einen kleinen großen Schatz entdeckt: Das Leben und die Geschichten dieser Wirte sind schon jetzt die Zukunft der italienischen Gastronomie.

Marco Bolasco und Nicola Ferrero

OSTERIA
BOCCONDIVINO

Boccondivino

Via della Mendicità Istruita 14 – 12042 Bra (Cuneo) – Tel.: 0039-0172-425674

Fotos von **Gianni und Tiziana Baldizzone**
Texte von **Carlo Petrini**

Wiege der Slow-Food-Bewegung, Sitz der Seele, Musterbeispiel für die Umsetzung des Konzepts „Neue Osteria". Das Boccondivino hat sich nie auf seinen Lorbeeren ausgeruht und ist weiterhin eines der Vorzeigelokale für eine bestimmte Art der Gastronomie. Und seine tajarin *sind nach wie vor unvergleichlich.*

Für manche Leute ist das Boccondivino das Vorbild schlechthin, an dem sich all die orientieren sollten, die die Tradition der guten Esskultur ins Italien der Gegenwart übertragen wollen. Für viele, vielleicht sogar für alle, ist es ein Lokal, in dem man in einem gepflegten, aber nicht steifen Rahmen hervorragende piemontesische Küche zu angemessenen Preisen genießen kann. Für uns von Slow Food ist es jedoch noch mehr: nicht nur eine Lieblingsosteria, sondern „unsere Osteria", ein Teil der Geschichte oder besser Vorgeschichte unserer Bewegung.

Das Boccondivino ist noch vor Arcigola entstanden. Die Kooperative „I Tarocchi" war vor 30 Jahren der Dreh- und Angelpunkt aller Aktivitäten, die später in der „lega enogastronomica dell'Arci", kurz Arcigola, gebündelt werden sollten. Die Kooperative war im April 1982 gegründet worden, um die Ziele des Vereins der „Freunde des Barolo" zu verwirklichen, wie sich die Vorgänger der Slow-Food-Bewegung feuchtfröhlich genannt hatten. Wir verkauften Wein und organisierten Workshops für die Verwaltungen einiger großer Städte; wir führten keine Restaurants, allerdings hatten wir uns als ein dem Arci angeschlossener Verein für die Wiedereröffnung der legendären Osteria dell'Unione in Treiso eingesetzt.
Die Gelegenheit dazu ergab sich, als wir erfuhren, dass nur ein paar Meter von unserem Vereinssitz in der Via Vittorio Emmanuele das makrobiotische Restaurant L'Albero del Pane seine Türen für immer schließen sollte. Mir gefiel an dem Lokal neben seiner kuriosen Adresse – Via della Mendicità Istruita, „Straße der gelernten Bettelei" – das Ambiente und die Geschichte des Gebäudes. Es ist ein Haus mit einem umlaufenden Balkon im Schatten üppiger Glyzinien, in dem sich im 18. Jahrhundert die Mitglieder eines literarischen Zirkels trafen und während des letzten Kriegs die Stammgäste der Osteria Stella Polare. Warum sollten wir also nicht versuchen, diesen Geist – natürlich nach unseren Regeln – wiederaufleben zu lassen? Es gab nur ein kleines Problem: Niemand von uns hatte praktische Erfahrung als Koch. Da erreichte uns gerade zum rechten Zeitpunkt die Bitte einer Freundin, die sich Sorgen um ihre Mutter machte. Diese, eine professionelle Köchin, litt nach dem Tod ihres Mannes und dem Beginn des eigenen Ruhestands unter Depressionen. Unsere Freundin fragte also, ob wir nicht irgendeinen Job für sie hätten, der sie ablenken würde. Ich kannte diese Frau, Maria Pagliasso Proglio, oder besser gesagt, ich kannte ihre Kochkunst. Zunächst hatte ich sie in der rustikalen Trattoria Majolin di Roreto und später in dem eleganten Arcangelo von Carlo Arpino und Livio Bramardi genossen. Ich lud mich also bei ihr zum Mittagessen ein und fragte sie, ob sie sich mit uns ins Abenteuer stürzen wolle. Sie zögerte zwar zunächst, aber schließlich konnte ich sie überzeugen.
Das Boccondivino, Teil des Circolo Arci im Besitz der Kooperative „I Tarocchi", öffnete am 1. Dezember 1984 im Erdgeschoss des Hauses in der Via della Mendicità Istruita seine Tore. Heute ist hier der Slow-Food-Laden. Am Herd stand Maria, und Silvio Barbero, Firmino Buttignol, Gigi Piumatti und ich arbeiteten im Service. Wir hatten nur ein paar Quadratmeter für die Tische, die Küche war noch kleiner. Im Jahr darauf zog das Boccone, wie wir es immer

AZELIA
STILLE

liebevoll nannten, in die renovierten Räume im ersten Stock auf der anderen Seite des Hofs, wo es sich noch heute befindet.

Von Anfang an war die Speisekarte ein repräsentativer Querschnitt durch die Küche der Langhe: Vitello tonnato, Gemüseflan, Paprikaschoten mit dem warmen Gemüsedip *bagna cauda*, *tajarin* (Bandnudeln) mit Hühnerlebern, *agnolotti* (Teigtaschen) mit Bratensauce, Risotti, Schmorbraten, Kaninchen aus dem Ofen, *bonet* (Schokoladenflan), Pannacotta; die größte Extravaganz war Hühnchen mit Essigbutter nach einem bewährten Rezept von Maria. Zu diesen streng traditionellen Gerichten gesellte sich eine wirklich innovative Weinkarte, denn das war damals in Italien ein beinahe unbekanntes Phänomen. Sie war wunderbar umfangreich mit Weinen aus allen Regionen des Landes und dem Ausland und war das Ergebnis der damals entstehenden Weinkultur. Doch dass man so viel Aufmerksamkeit auf Essen und Trinken richtete, behagte dem harten Kern der Bewegung zunächst gar nicht, der den Schwerpunkt der Kooperative eher in einem gemeinnützigen Tourismus der Begegnungen sah. Doch der einmal beschrittene Weg wurde unbeirrt fortgesetzt und 1986 – im offiziellen Gründungsjahr von Arcigola – wurde ein zweites Lokal in Alba eröffnet, die Osteria dell'Arco. Im gleichen Jahr bekam Maria einen jungen Koch an ihre Seite gestellt, Giuseppe Barbero, Spitzname „Gepis". Die beiden bildeten ein unschlagbares Team, das viele junge Köche das Handwerk gelehrt und die Entwicklung des Boccone vorangetrieben hat. So wurde aus einem Vereinslokal, das ausschließlich für Mitglieder zugänglich gewesen war, ein vollgültiges Restaurant, dessen Ruf sich bald über die Grenzen der Provinz hinaus verbreitete. Das Boccondivino wurde zur Speerspitze einer Bewegung, die es sich zum Ziel gesetzt hatte, eine Philosophie des richtigen Essens erst in Italien und dann auch im Ausland zu verbreiten. Das Boccondivino ist zusammen mit der Slow-Food-Bewegung gewachsen und hat sie in ihrer Forderung nach einem Recht auf Genuss stets begleitet und in ihren Grundsätzen bestätigt: Essen solle gut, sauber und fair sein, von der Arche des guten Geschmacks über die Förderkreise bis zum Netz Terra Madre. Heute wird die Osteria von einem Dreierteam geführt. Andrea Bergesio, Manuel Mascarello und Vladimir Pemaj sind zwar zu jung, um unsere Erinnerungen zu teilen, aber ich bin sicher, dass sie das Boccone genauso lieben wie wir.

CACAO

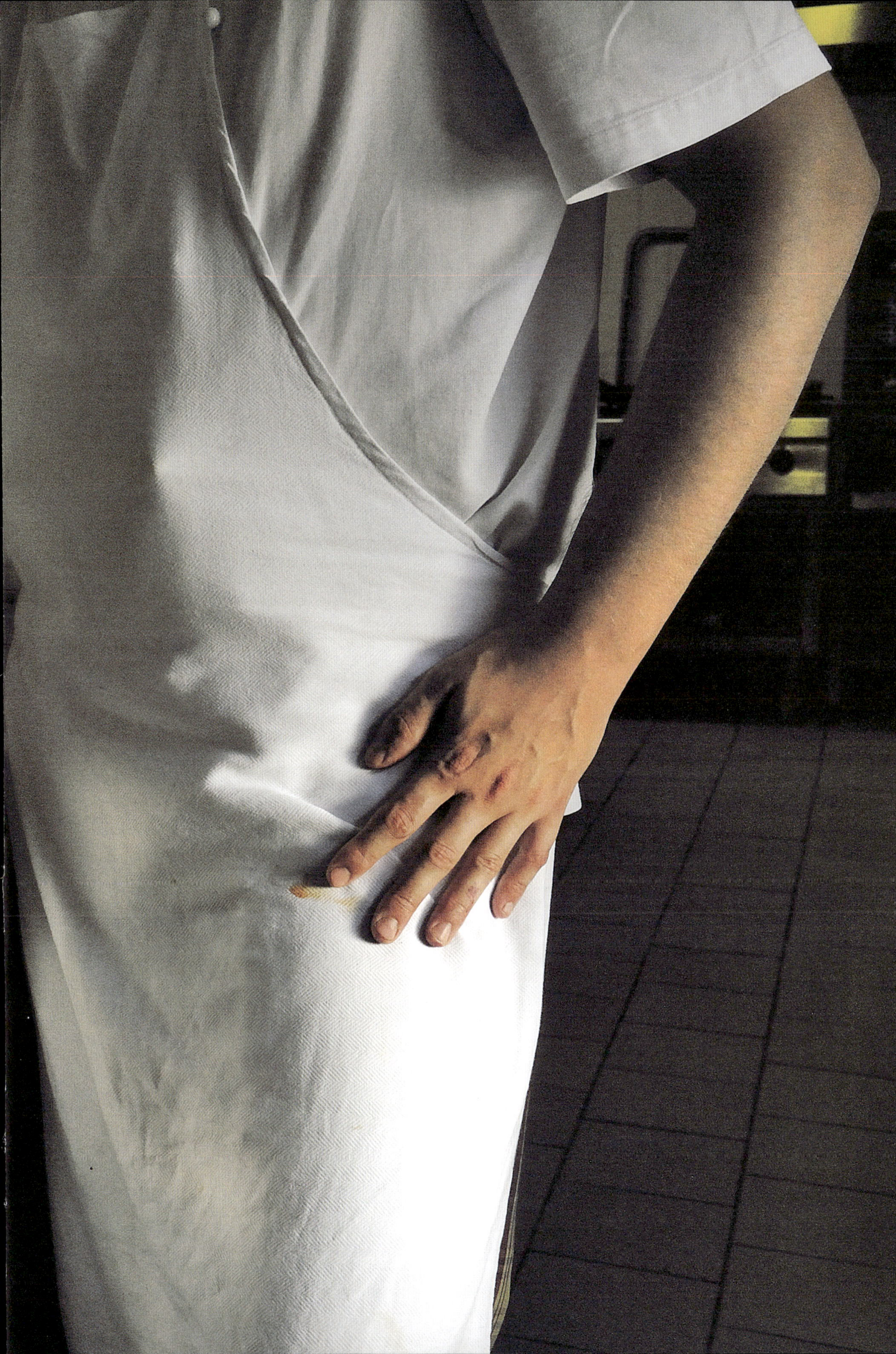

Maria Pagliasso – die Urmutter der Küche

Maria Pagliasso wurde am 25. November 1921 in Cherasco geboren. Ihr Vater kam aus den Langhe, ihre Mutter aus dem Roero. Von beiden lernte sie die ersten Grundlagen der Kochkunst. Die Begegnung mit ihrem späteren Mann, Vittorio Proglio, einem erfahrenen Patissier, führte zu einer wunderbaren Partnerschaft. In den 1960er Jahren leiteten die beiden zunächst gemeinsam ein Restaurant in Moncalieri, in der Nähe von Turin, später dann im bekannten Majolin in Roreto di Cherasco. Der Erfolg dieses Lokals katapultierte die Köchin in die Sphären der Sternegastronomie: Carlo Arpino, der Patissier und Küchenchef, der schon früher mit Vittorio Proglio zusammengearbeitet hatte, öffnete ihr die Türen zu seinem erstklassigen Restaurant L'Arcangelo. 1984 konnte Carlo Petrini, der Marias Können seit ihrer Zeit im Majolin schätzte, sie als Köchin für sein Boccondivino, das Restaurant in der Via Mendicità in Bra, gewinnen, wo die Kooperative „I Tarocchi" ihren alten Traum von einer „Neuen Osteria" verwirklichen wollte. Es war der Beginn einer langjährigen Zusammenarbeit, geprägt von gegenseitiger Wertschätzung und Freundschaft. In den ersten Jahren kochte Maria nicht nur für die Stammgäste des Boccone, sondern mit ihrer Erfahrung als Köchin einer Kooperative auch für deren Sommercamps. Die internationalen Kontakte von Slow Food brachten sie bis in die USA.

15 Jahre lang war diese beeindruckende Frau die Stütze der Osteria. Energisch leitete sie nicht nur die Küche, sondern lenkte die Aufmerksamkeit von Gourmets und Gastronomiekritikern auf das Restaurant und zog eine ganze Schar von jungen Köchen heran. Ihre große Kochkunst ist heute noch auf der Karte präsent: Die *tajarin* mit 40 Eigelb pro Kilo Mehl werden nach wie vor nach ihrem Rezept zubereitet.

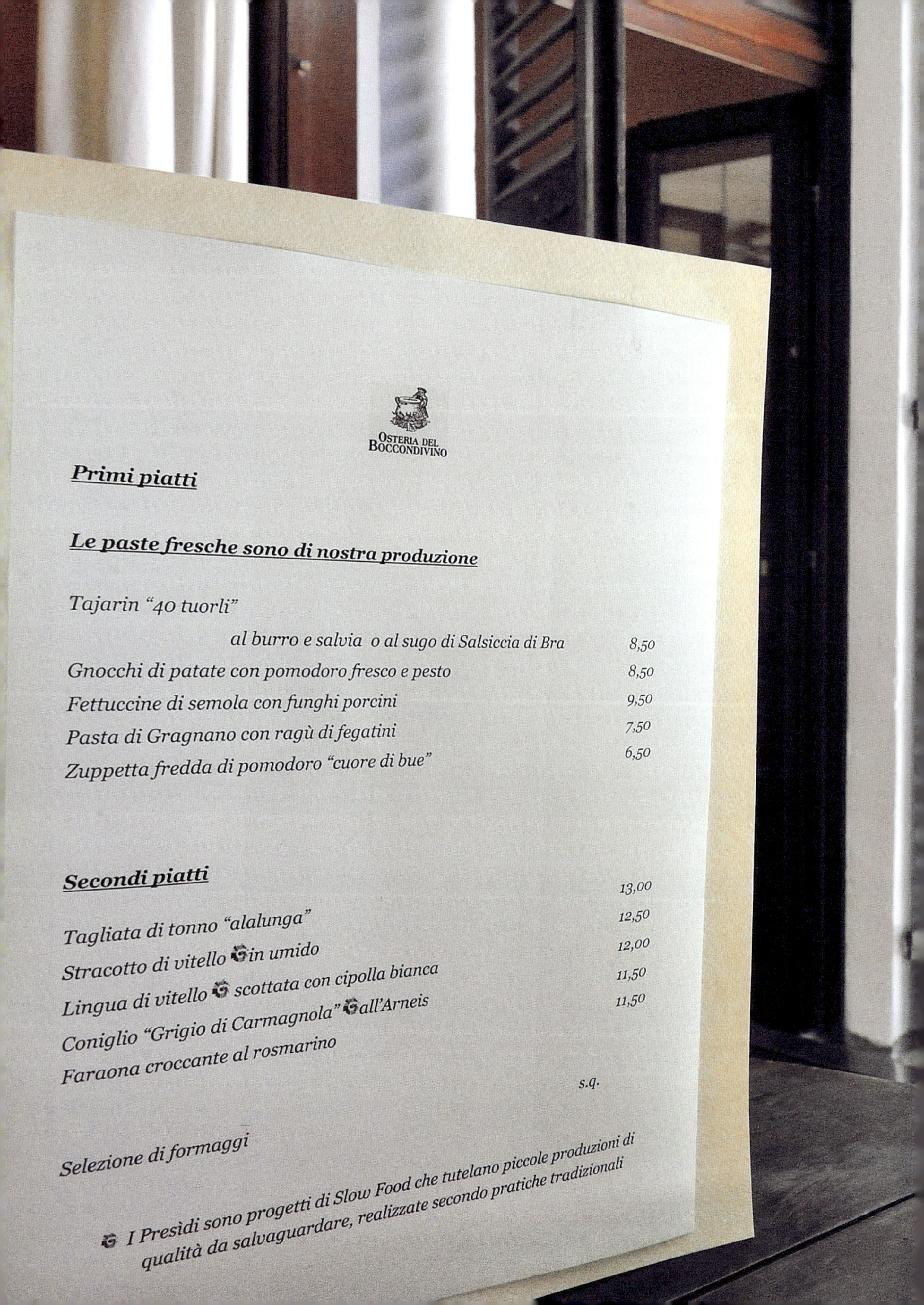
Osteria del Boccondivino
Primi piatti
Le paste fresche sono di nostra produzione
Tajarin "40 tuorli"
al burro e salvia o al sugo di Salsiccia di Bra 8,50
Gnocchi di patate con pomodoro fresco e pesto 8,50
Fettuccine di semola con funghi porcini 9,50
Pasta di Gragnano con ragù di fegatini 7,50
Zuppetta fredda di pomodoro "cuore di bue" 6,50
Secondi piatti
13,00
Tagliata di tonno "alalunga" 12,50
Stracotto di vitello in umido 12,00
Lingua di vitello scottata con cipolla bianca 11,50
Coniglio "Grigio di Carmagnola" all'Arneis 11,50
Faraona croccante al rosmarino
s.q.
Selezione di formaggi
I Presìdi sono progetti di Slow Food che tutelano piccole produzioni di qualità da salvaguardare, realizzate secondo pratiche tradizionali

Acciughe al bagnet rosso

Sardellen mit warmer roter Sauce

FÜR 6 PERSONEN

600 ml Tomatensauce
1 EL Weinessig
2 Prisen Zucker
30 in Salz eingelegte Sardellenfilets
2 Knoblauchzehen
1 Bund Petersilie
4 Lorbeerblätter
½ Glas Olivenöl extra vergine
Zubereitungszeit: 1 ½ Stunden plus Ruhezeit

Zunächst die Tomatensauce zubereiten und kurz vor Ende der Garzeit Weinessig und Zucker dazugeben, das verleiht ihr einen süßsauren Geschmack. Die Sauce gut durchmischen und abkühlen lassen.
In der Zwischenzeit die Sardellen unter fließendem kaltem Wasser vom Salz befreien. Gut abtropfen lassen und auf einer Servierplatte verteilen.
Knoblauch, Petersilie und Lorbeerblätter hacken und mit dem Öl vermischen. Die Öl-Kräuter-Mischung mit der Tomatensauce vermengen und über den Sardellen verteilen. Einige Stunden ruhen lassen.
Nach Belieben mit getoastetem Baguette und Butterröllchen servieren.

Tajarin di Maria

Marias Fadennudeln

FÜR 8 PERSONEN

1 kg Mehl Type 00 (ersatzweise Type 405)
40 Eigelb
1 Prise Salz
Zubereitungszeit: 1 ½ Stunden

Das Mehl auf eine Arbeitsfläche häufen und in die Mitte eine Mulde drücken. Dort hinein 40 (in Worten: vierzig!) ganz frische Eigelb und das Salz geben und sorgfältig und mit viel Geduld mit dem Mehl verkneten.
Den Teig mit einer Teigrolle sehr dünn ausrollen und trocknen lassen. Dann aufrollen. Den aufgerollten Teig in hauchdünne Scheiben schneiden, so erhält man ganz feine *tajarin* (Fadennudeln).
Die Nudeln einige Minuten in reichlich Salzwasser kochen, mit einem Schaumlöffel herausheben und servieren, am besten schlicht mit zerlassener Butter, die durch einige Salbeiblätter aromatisiert wurde, und etwas geriebenem Parmesan.

Abbildung auf der gegenüberliegenden Seite

Minestra di ceci

Kichererbsensuppe

FÜR 4 PERSONEN

500 g getrocknete Kichererbsen
2 Kartoffeln
1 Prise Salz
1 Zwiebel
50 g Speck
Zubereitungszeit: 3 ½ Stunden plus Einweichzeit für die Kichererbsen

Die Kichererbsen 12 Stunden in kaltem Wasser einweichen. (In manchen Gegenden gibt man Kaiser-Natron ins Wasser, denn durch die chemische Reaktion wird die Außenhaut der Kichererbsen schneller weich. Puristen behaupten aber, das Natron hinterlasse einen medizinischen Nachgeschmack.)
Die Kichererbsen abseihen und mit reichlich kaltem Wasser, den geschälten, grob gewürfelten Kartoffeln und dem Salz in einen Topf geben. Zum Kochen bringen.
Inzwischen die Zwiebel und den Speck fein würfeln und in einer Pfanne sanft anbraten. Die Mischung in den Topf zu den kochenden Kichererbsen geben und alles bei mittlerer Temperatur 3 Stunden kochen lassen. Die Suppe in Tonschalen servieren.

Flan di topinambur

Topinamburflan

FÜR 4 PERSONEN

500 g Topinambur
2 l Milch
20 g Butter, mehr für die Förmchen
15 g Weizenmehl
Salz und frisch gemahlener Pfeffer
frisch geriebene Muskatnuss
3 Eier
Zubereitungszeit: 1 Stunde

Die Topinambur entsanden, schälen und gründlich waschen. In dünne Scheiben schneiden und 15 Minuten in 1½ l Milch kochen. Abseihen und abkühlen lassen.
Inzwischen die Béchamelsauce zubereiten. Dazu in einem kleinen Topf die Butter zerlassen, das Mehl dazugeben und einige Minuten anschwitzen, dann bei niedriger Temperatur unter Rühren die restliche Milch dazugießen, zum Kochen bringen und die Flüssigkeit andicken lassen. Mit einer Prise Salz, Pfeffer und Muskatnuss würzen.
In einer Schüssel die Eier mit Salz und Pfeffer verschlagen, die zerdrückten Topinamburscheiben sowie die Béchamelsauce dazugeben und alles gründlich vermengen.
Vier Förmchen mit Butter einfetten, die Masse hineingeben und im vorgeheizten Backofen bei 160 °C 30 Minuten im Wasserbad garen.
Die Flans auf einen Teller stürzen und mit einer *bagna cauda* (siehe Seite 55) oder einer Fonduta aus Raschera-Käse servieren.

Zabaione al Moscato

Moscato-Zabaione

FÜR 6 PERSONEN

6 Eigelb
6 EL extrafeiner Zucker
12 EL Moscato d'Asti (ersatzweise ein anderer Süßwein, z.B. Marsala)
Zubereitungszeit: 15 Minuten

In einem Kupfer- oder Stahltopf das Eigelb mit dem Zucker zu einer weichen, schaumigen und hellen Masse aufschlagen. Unter ständigem Rühren den Moscato hinzufügen.
Alles im Wasserbad oder bei sehr geringer Temperatur erhitzen und rühren, bis die Creme andickt und schaumig wird. Die Zabaione nach Belieben warm mit einem Stück Haselnuss- oder Maiskuchen oder kalt mit Schlagsahne garniert servieren.

Budino di torrone e miele

Torroneflan mit Honig

FÜR 8 PERSONEN

500 ml Milch
250 ml Schlagsahne
100 g Torrone (ersatzweise Türkischer Honig)
2 Blatt Gelatine
4 Eigelb
100 g extrafeiner Zucker
Honig zum Anrichten
Zubereitungszeit: 20 Minuten plus Zeit zum Abkühlen

In einer Kasserolle Milch, Sahne und den zerkrümelten Torrone erhitzen. Inzwischen die Gelatine in kaltem Wasser einweichen. Das Eigelb mit dem Zucker schaumig aufschlagen.
Die ausgedrückte Gelatine sowie die Eigelbmasse unter die heiße Milch-Sahne-Mischung rühren. Einige Minuten erhitzen und vom Herd nehmen, bevor der Siedepunkt erreicht ist.
Die Creme 10–15 Minuten bei Raumtemperatur abkühlen lassen, dann in acht Portionsförmchen gießen und für mindestens 2 Stunden in den Kühlschrank stellen.
Vor dem Servieren mit Honig beträufeln.

Slow Food

Ristorante Consorzio

Consorzio

Via Monte di Pietà 14 – 10122 Torino – Tel.: 0039-011-2767661

Fotos von **Gianni und Tiziana Baldizzone**
Texte von **Carlo Bogliotti**

Sie sind jung, sie sind talentiert und sie haben ganz klare Vorstellungen. Pietro und Andrea haben mit ihrem Consorzio eine der interessantesten neu gegründeten Osterie ganz Italiens auf die Beine gestellt. Ihr Konzept: Neuinterpretationen traditioneller Gerichte, persönliche Kontakte zu den besten Erzeugern und eine Weinkarte mit Schwerpunkt auf biologischen Weinen.

„Wir lieben Tradition, aber sie muss jung sein", so lautet das Motto von Andrea Gherra und Pietro Vergano. Eine Tradition, die genauso jung ist wie sie selbst (34 und 37 Jahre) und so frisch wie das Abenteuer, in das sie sich mit dem Consorzio gestürzt haben. Im November 2008 eröffneten sie in der Altstadt von Turin ihre Osteria und in nur wenigen Jahren haben sie es geschafft, so viel Lob bei Gästen und Gastronomiekritikern zu ernten, dass sie schnell zu einem Klassiker der Restaurantszene von Turin – nein, man kann mit Fug und Recht behaupten, von ganz Italien wurde.

Dieser große Erfolg hat sogar die Inhaber überrascht, die seit 15 Jahren befreundet sind und die Liebe fürs Kochen, für Wein und für den Fußballclub FC Turin teilen. Und seit dem Jahr 2000 einen großen Traum: ein Restaurant aufzumachen, in dem sie ihren önogastronomischen Vorstellungen freien Lauf lassen und die Kontakte nutzen könnten, die sie während ihrer Reisejahre knüpften.

In dieser Zeit erkundeten sie unermüdlich die verschiedensten Regionen und Restaurants, stöberten Winzer und Bauernhöfe auf und suchten nach den besten Rohstoffen. Andrea hat sowohl in der Küche als auch im Service gearbeitet, Pietro führte eine Weinhandlung. Ihre ganze Freizeit widmeten sie dem guten Essen. „Unsere wichtigste Station war das Guido da Costigliole. In diesem Tempel der piemontesischen Küche haben wir erkannt, dass es noch eine andere Art von Restaurant gab, und uns wurde klar, was wir in der Zukunft tun wollten", erklärt Andrea. So ist mit den Jahren in ihren Köpfen das Konzept für das Consorzio entstanden, das dann in den zwei schönen Räumen im Turiner Viertel Quadrilatero Romano verwirklicht wurde: eine schlichte, in zarten Farben gehaltene Einrichtung, die nur durch einige ansprechende Plakate und gelegentliche granatrote Akzente ergänzt wird. Die Trikotfarbe ihres Lieblingsclubs ist schließlich zugleich die Farbe des Weins, und dieser wiederum ist eines der beiden Elemente, auf dem dieses Restaurant basiert, das so vollkommen das Bild einer modernen Osteria verkörpert. Das andere sind Rohstoffe bester Qualität. „Damit hat alles angefangen", erinnert sich Pietro. „Im Sommer vor der Eröffnung haben wir auf der Suche nach den besten Erzeugern und den Winzern, die uns gefielen, ganz Italien abgeklappert und Kontakte zu den Bauern und den Händlern auf den Märkten von Turin geknüpft. Unsere Maxime ist, dass alle Lebensmittel mit Rücksicht auf den Boden und die Region produziert, verkauft und serviert werden müssen und dass man etwas nur auf die Karte setzt, wenn es gerade Saison hat."

Vielleicht ist das der Grund dafür, dass die Qualität in der Küche stets unverändert hoch geblieben ist, obwohl in fünf Jahren drei Köche aufeinander gefolgt sind. „Jetzt steht Miro Mattalia, ein alter Freund, hier am Herd, den ich während meiner Zeit als Kellner kennengelernt habe und der inzwischen in bedeutenden italienischen und europäischen Restaurants gelernt hat", erzählt Andrea. „Er hat Noriaki Tamizane abgelöst, einen jungen japanischen Koch, mit dem wir voller Elan mit der Fusionsküche experimentiert hatten. Aber jetzt macht es mit Miros ausgereifter Kochkunst noch mehr Spaß."

PROSECCO CASA COSTE PIANE €4
CHAMPAGNE F. BOULARD NATURE €10
LITROZZO BIANCO LE COSTE €3
GEWURZTRAMINER
ZIBIBBO SECCO BINI €12
CATARRATTO BARRACO €5
BARBERA D'ASTI CASCINA TAVIJN €3
RUCHE' CASCINA TAVIJN €4
BOURGOGNE PINOT NOIR
DOMAINE CHASSORNEY 2008 €9
GAVI CASCINA DEGLI ULIVI €4
DOGLIANI SAN FEREOLO €4
€5
MOSCATO PASSITO CERRUTI €7
MISTER MISTERO ? €4
PINEAU D'AUNIS PUZELAT €6

50 anni
50 cuochi
16LUISAEFRANCHINO APERITIVO TUTTI I GIOVEDÌ DALLE 18.30/21
CANO
DAL GUSTO

Die Küche des Consorzio ist also hauptsächlich eine von den Produkten bestimmte Küche. Diese traditionelle Auffassung beruht auf persönlichen Erfahrungen und den familiären Wurzeln der beiden Besitzer: eine Großmutter Andreas stammt aus Comacchio, während Pietro ganz und gar ein Kind des Monferrato ist. Und Tradition spiegelt sich auch in der Speisekarte wider: Dort findet man immer *agnolotto gobbo ai tre arrosti,* das rohe, mit dem Messer plattgedrückte Lammfleisch, *brasato di fassone al Ruché* (ein Schmorbraten vom Fassone-Rind), die *tajarin* und das knusprige Hühnchen aus Tonco (eine Spezialität aus dem Monferrato). Alles ein wenig „neu interpretiert". Wenn die beiden auf ein seltenes, besonderes Lebensmittel stoßen, dann setzen sie es mit Freuden ihren Gästen vor, und sei es auch nur für einen Abend. Einfach genial und ein Paradebeispiel sind ihre Gerichte aus Innereien: *anima e semola* (frittiertes Bries und Grieß, eine köstliche Verbindung aus *finanziera,* einem Eintopf mit Innereien, und *fritto misto*), mit Hirn gefüllte Ravioli und ein großartiges *quinto quarto,* das so leicht und unwiderstehlich schmeckt, dass es auch die Gäste überzeugen wird, die eigentlich keine Innereien mögen. Die Käseauswahl, für die Andrea verantwortlich ist, bietet Spezialitäten aus den piemontesischen Alpen oder aus Frankreich. Und auch in der reichhaltigen Weinkarte ist die Grande Nation mit vielen Kostbarkeiten sehr gut vertreten. Diese Karte trägt den malerischen Namen „Eccessi e riflessioni" und ist das Ergebnis von Pietros unermüdlicher Suche und Recherche. Sie enthält ausschließlich Weine, die bio, biodynamisch oder zumindest „natürlich" sind und bietet dem neugierigen Weinliebhaber ständig Unbekanntes. Und es macht einfach Spaß, sich auf dieser Entdeckungsreise von Pietros Temperament führen zu lassen. Was neben Andreas ansteckender Begeisterungsfähigkeit und der Atmosphäre des Restaurants der Grund dafür ist, dass man sich im Consorzio als Gast eines Hauses fühlt, in dem die Leidenschaft für „gutes, sauberes und faires" Essen das Niveau der besten Restaurants erreicht, während Herzlichkeit und Preise noch ganz wie in einer richtigen Osteria sind. Das Consorzio ist Zukunft und zugleich schon Tradition.

BREMA
ROAGNA
BARBARESCO
Torino

Wein und Haselnüsse aus der Cascina Tavijn in Scurzolengo (Asti)

Zusammen mit ihrem Vater Ottavio und ihrer Mutter Maria Teresa führt Nadia Verrua, Pietro Verganos Ehefrau, das kleine Weingut (6 Hektar) seit 2001. Von ihrem Vater hat sie alles über Weinanbau und -ausbau gelernt und produziert heute ausschließlich Grignolino d'Asti, Barbera d'Asti und Ruché di Castangnole Monferrato, insgesamt 20 000 Flaschen. Diese Weine passen alle in das Konzept der „natürlichen" Weine. Die Eingriffe im Weinberg und im Keller sind tatsächlich minimal und die Mazerationszeiten lang. Der Wein wird weder gefiltert noch geklärt und Schwefel ist nur in ganz geringen Mengen erlaubt und auch nur dann, wenn er wirklich nötig ist. Nadia, die ihrer Heimat sehr verbunden ist, macht klare, unverfälschte und authentische Weine, eben solche, wie sie bei ihrem Mann Pietro ausschließlich auf die Karte kommen. Ihre Eltern wollten eigentlich nicht, dass Nadia wieder in der Landwirtschaft arbeitet, aber die Arbeit im Weinberg „lädt meine Batterien wieder auf", hat sie uns anvertraut. Ihre Weine sind immer Sprösslinge des Jahrgangs, sehr gut trinkbar und bekömmlich, eben Alltagsweine, auch von den Preisen her. Der Hauptteil des Grundbesitzes, der als Ökobetrieb zertifiziert ist, liegt auf dem Hügel der Mezzena, in 300 Metern Höhe. Dort werden Weiden zum Festbinden verwendet, Rohr als Stütze für die Reben und man hat sowohl den Wald als auch die Haselnussbäume erhalten. Zusammen mit einem weiteren Landzukauf werfen auch diese einen bescheidenen Ertrag ab, der zum Teil natürlich auch auf den Tischen des Consorzio landet. Und auch Gemüse aus Ottavios Garten (er ist Tavijn) bereichern ab und zu die Küche des Restaurants.

STABILO Cappi

Uovo croccante su biete fonduta di cheddar e pancetta

Panierte Eier auf Mangoldbett mit Cheddar-Fonduta und Pancetta

FÜR 4 PERSONEN

6 Eier
Salz
100 g altbackenes Brot, gerieben
100 ml Milch
250 ml Kochsahne
500 g Cheddar aus Somerset (Förderkreis Slow Food)
300 g Mangold
1 Knoblauchzehe
frisch gemahlener Pfeffer
4 Scheiben Pancetta (magerer Bauchspeck; je etwa 2 mm dick)
Pflanzenöl zum Frittieren
Zubereitungszeit: 1 ½ Stunden

Zwei Eier mit einer Prise Salz aufschlagen. Die restlichen vier Eier in einem Dampfgarofen bei 65 °C 44 Minuten garen, dann in Eiswasser abschrecken, pellen und im verschlagenen Ei und geriebenen Brot wenden.
In einem Topf die Milch und die Sahne aufkochen, vom Herd nehmen, den gewürfelten Cheddar dazugeben und darin unter Rühren auflösen.
Den Mangold waschen, gut abtropfen lassen und in einem Topf mit dem gehackten Knoblauch andünsten; mit Salz und Pfeffer würzen.
Die panierten Eier und die Pancettascheiben in Pflanzenöl bei 140 °C frittieren. Mit einem Schaumlöffel herausheben und auf Küchenpapier abtropfen lassen, um das überschüssige Öl zu entfernen; Fonduta und Mangold erwärmen.
Auf jeden Teller ein frittiertes Ei auf ein Bett aus Mangold legen, mit der Fonduta umgeben, mit je einer frittierten Pancettascheibe garnieren und mit etwas frisch gemahlenem Pfeffer bestreut servieren.

Abbildung auf der gegenüberliegenden Seite

Quinto quarto

Fünftes Viertel

FÜR 4 PERSONEN

(alles vom Fassone-Rind)
100 g Rückenmark, 100 g Hirn, 250 g Netzmagen, 250 g Blättermagen, 100 g Penis
200 ml Hühnerbrühe
200 g Petersilie
200 g Weizenmehl Type 0 (ersatzweise Type 405)
100 g Reismehl
200 g Speisestärke
300 ml eiskaltes Mineralwasser mit Kohlensäure
300 ml Marsala
250 g rote Zwiebeln
100 ml Rotweinessig
200 g Streuzucker, fein gemahlen
frisch gemahlener Pfeffer
Maldon-Salz
5 in Salz eingelegte Sardellenfilets
10 g Kapern
30 g Brotinneres
2 Knoblauchzehen
Olivenöl extra vergine
Pflanzenöl zum Frittieren
Weizenmehl zum Wälzen
Butter
50 g weiße Zwiebel
1 Zweig Salbei
100 ml Weißwein
50 g getrocknete Augenbohnen
50 g Maismehl
einige Zweige Rosmarin
Senfkörner
je 1 Zweig Basilikum, Minze, Melisse (Gartenmelisse, Zitronenkraut)
Zubereitungszeit: etwa 2 Stunden plus 36 Stunden Garzeit und 2 Tage Einweichzeit

Zuerst alle Innereien zum Ausbluten für 2 Tage in Eiswasser legen. Das Wasser zweimal am Tag wechseln. Dann den Penis der Länge nach durchschneiden und die Haut entfernen; in einen Vakuumbeutel geben und im Dampfgarofen mit 30 ml Hühnerbrühe und einem Teil der gehackten Petersilie 36 Stunden bei 68 °C garen.
Für die Teighülle Weizenmehl, Reismehl und Speisestärke mit dem eiskalten Mineralwasser verrühren. In einem Topf den Marsala zu einer sirupartigen

Flüssigkeit einkochen. Die gehackten roten Zwiebeln in eine Kasserolle geben, mit 200 ml Wasser bedecken, 70 ml Essig, Zucker, Pfeffer und eine Prise Salz dazugeben und kochen, bis die Flüssigkeit vollkommen aufgenommen ist.
Für die grüne Sauce die restliche Petersilie (davon 1–2 EL zurückbehalten), Sardellen, Kapern, das mit etwas vom restlichen Essig eingeweichte und ausgedrückte Brotinnere und eine Knoblauchzehe mit einem Messer klein hacken; mit ein wenig Olivenöl extra vergine und Pfeffer zu einer Paste verrühren.
Das Rückenmark in einen Topf geben, mit kaltem Wasser bedecken und zum Kochen bringen. Abkühlen lassen und in 5 cm große Stücke zerteilen, in einen Teil des Teiges tunken und in reichlich Pflanzenöl bei 140 °C frittieren. Auf Küchenpapier abtropfen lassen und mit dem Marsalasirup beträufeln.
Das Hirn in etwa 25 g schwere Würfel schneiden, in Weizenmehl wälzen und in einer Pfanne mit einem walnussgroßen Stück Butter goldbraun ausbacken.
Den Netzmagen in eine Kasserolle geben, mit kaltem Wasser bedecken und zum Kochen bringen. Abkühlen lassen und in hauchdünne Scheiben schneiden. Die in dünne Scheiben geschnittene weiße Zwiebel, die gehackte zweite Knoblauchzehe und den Salbei in einer Kasserolle anbraten. Die Netzmagenscheiben dazugeben und mit dem Wein übergießen. Sobald der Alkohol verkocht ist, mit der restlichen Hühnerbrühe aufgießen und die Temperatur reduzieren. Sobald die Brühe zur Hälfte eingekocht ist, die Bohnen dazugeben und kochen, bis die Flüssigkeit komplett aufgenommen worden ist. Netzmagenscheiben und Bohnen auf einem Teller verteilen und mit den eingekochten roten Zwiebeln garnieren.
Den abgekühlten Penis in 4 cm lange Stücke schneiden, erst im restlichen Teig, dann im Maismehl wälzen, auf von den Nadeln befreite Rosmarinzweige aufspießen. Reichlich Pflanzenöl auf 140 °C erhitzen und den Penis darin frittieren; mit der grünen Sauce in eine Schüssel geben.
Den Blättermagen in eine Kasserolle geben, mit kaltem Wasser bedecken und zum Kochen bringen; abkühlen lassen, in feine Streifen schneiden, mit Öl, dem restlichen Essig, Senfkörnern, Pfeffer und gehackten Kräutern (zurückbehaltene Petersilie, Basilikum, Minze und Melisse) würzen.
Nach Belieben alle Innereien einzeln servieren oder gemeinsam anrichten.

Albicocche e pan di Spagna con sorbetto

Aprikosenbiskuit mit Sorbet

FÜR 4 PERSONEN

400 g Aprikosen
350 g Streuzucker, fein gemahlen
6 Eier, 100 g Butter, mehr für die Form
120 g Haselnüsse, fein gemahlen
40 g Weizenmehl Type 0 (ersatzweise Type 405), mehr für die Form, 12 g Hefe
10 ml frischer Zitronensaft
150 ml Olivenöl extra vergine
60 g Basilikumblätter, 60 g Minzblätter
48 g Glukosesirup, 500 g Ziegenjoghurt, 50 g Honig
Zubereitungszeit: etwa 10 Stunden

250 g Aprikosen entsteinen und mit 50 g Zucker in einen Folienbeutel geben. Im Dampfgarer bei 100 °C einige Stunden garen. Abkühlen lassen und den Beutel für 1 Stunde in den Kühlschrank legen. Dann den Inhalt durch ein Sieb abseihen und den Saft auffangen. Die restlichen Aprikosen in einem weiteren Folienbeutel 6 Stunden bei 68 °C garen, dann entsteinen und in einem Mixer auf höchster Stufe 2 Minuten pürieren.
Für den Biskuit die Eier mit 120 g Zucker schaumig schlagen. Butter, Haselnüsse, Mehl und Hefe dazugeben und alles gründlich vermengen. Die Masse in eine gefettete, mit Mehl bestreute Springform geben und im vorgeheizten Backofen bei 180 °C 25 Minuten backen. Aus der Form nehmen und abkühlen lassen. Anschließend in einer Küchenmaschine auf höchster Stufe zerkleinern. Den Zitronensaft (einige Tropfen für das Sorbet zurückbehalten) und das Öl hinzufügen und untermischen.
Für das Sorbet den restlichen Zucker mit 130 ml Wasser aufkochen und abkühlen lassen. Diesen Sirup mit dem fein gehackten Basilikum, der fein gehackten Minze, dem Glukosesirup und dem restlichen Zitronensaft gut verrühren und in eine Plastikdose füllen. Einfrieren und während des Gefrierens immer wieder mit einem Schneebesen oder einem Stabmixer aufmixen, bis das Sorbet die gewünschte Konsistenz hat. Joghurt und Honig vermischen. In tiefen Tellern den Aprikosensaft und den Honigjoghurt anrichten, dazwischen je ein Biskuitschiffchen platzieren. Mit Aprikosenpüree und dem Minze-Basilikum-Sorbet anrichten.

Abbildung auf der gegenüberliegenden Seite

VIETATO
FUMARE

Del Belbo da Bardon

Via Valle Asinari 25 – 14050 San Marzano Oliveto (Asti) – Tel.: 0039-0141-831340

Fotos von **Gianni und Tiziana Baldizzone**
Texte von **John Irving**

Die Osteria Del Belbo da Bardon ist ein wichtiger Pfeiler der piemontesischen Gastronomie. In dem einladenden Ambiente, der angenehmen Atmosphäre und mit der Herzlichkeit ihrer Betreiber fühlt sich der Gast sofort wie zu Hause. Und erst die Gerichte: Die buckligen Karden mit Fonduta, die agnolotti *(Teigtaschen), das Vitello Tonnato und der Wagen mit den verschiedenen Fleischsorten, die man sich am Tisch individuell zusammenstellen lassen kann, sind schon eine Reise wert.*

Valle Asinari di San Marzano Oliveto ist ein langer Name für einen so kleinen Ort, mitten in den Weinbergen um Asti, auf halber Strecke zwischen Canelli und Nizza Monferrato. Hier liegt die Heimat der Osteria Del Belbo da Bardon, seit 1891 ein Denkmal für die traditionelle Tisch- und Kochkultur des Piemont.

Es ist ein Ort, der schon oft Motiv für literarische Beschreibungen war. Cesare Pavese, der ganz in der Nähe in Santo Stefano Belbo geboren wurde, beschreibt in zahlreichen Erzählungen und Romanen die Schicksale und die Atmosphäre dieser zutiefst bäuerlichen Welt aus Höfen, Weinbergen und *tópie* (Pergolen), so zum Beispiel in den beiden Erzählungen *Unter Bauern* und *Junger Mond.* In letzterem war das Vorbild für den Protagonisten, den Klarinettisten Nuto, der Schreiner Pino Scaglione, der außerhalb von Canelli lebte und den ich, als ich vor etlichen Jahren als Student mit dem Rucksack auf dem Buckel und dem Eurorailticket in der Tasche ganz Italien bereiste, noch kennenlernen durfte. Dazu fällt mir auch Mario Soldatis wegweisende Fernsehdokumentationsreihe ein, *Eine Reise den Po entlang auf der Suche nach unverfälschten Speisen.* Eine Folge widmete sich auch Canelli und dem dortigen Spumante; man sieht, wie Pferdekarren vollbeladen mit Fässern im Morgennebel durch das historische Zentrum fahren. Wahrscheinlich waren sie auf dem Weg nach Nizza Monferrato und die Kutscher werden wohl auch beim Bardon angehalten haben. Damals – Mitte der 1950er Jahre – war dies noch ein Gasthaus mit angeschlossenem Lebensmittelgeschäft und Bäckerei, ein Ort, an dem die Pferde gefüttert wurden, an dem man sich selbst stärken oder gar übernachten konnte. Und vielleicht haben sie auch auf der Rückfahrt dort eine Rast eingelegt, diesmal dann mit Fässern voll mit Barbera aus Nizza.

Man hat in diesem Lokal schon immer gern und groß gefeiert. Kirchenfeste genauso wie die Eckpunkte des damaligen bäuerlichen Kalenders. Aber auch bei Ausflügen mit Familie und Freunden, wenn ein Gericht nach dem anderen aufgetischt wurde und der Wein in Strömen floss. Und auch die ersten fröhlichen Abendgesellschaften der neu gegründeten lokalen Arcigola-Slow-Food-Gruppe fanden in den 1990er Jahren hier zusammen. Anlässlich der „Asti-Bardon", die zweimal jährlich jeweils zu Frühlings- und Herbstbeginn stattfindet, gibt es ein Kultevent in der Gegend: Eine Gruppe von Fahrradfreunden startet vom Hauptort der Provinz und nach einem langen Vormittag die Weinberge rauf und runter findet sie ihr Ziel auf dem Parkplatz der Trattoria und belohnt sich dort für die Anstrengungen mit reichlich *tajarin* und Barbera.

Der jetzige Wirt und Inhaber Gino Bardon – Sohn des großen Kochs Giuseppino, der vor einigen Jahren verstorben ist und der Enkel des legendären Gründers Gioachino war – ist selbst begeisterter Radsportler, aber vor allem großer Fan von Juventus Turin. Und natürlich ein großartiger Koch.

Vor einigen Jahren, als Diego Fuser und Gigi Lentini, zwei ehemalige Spieler des AC Turin, bei Canelli spielten, wurde die Osteria zu einem Treffpunkt für eine kleine Gruppe von Spielern des traditionellen Lokalrivalen, unter ihnen Silvano Benedetti und

AGNELLI

Antonio Comi. Und auch sie wurden immer bestens bedient, obwohl sie der „falschen" Turiner Mannschaft angehörten!
Ginos Mitarbeiter im Service sind der jüngere Bruder Andrea und der sympathische Antonio, der immer gern über Fußball im Allgemeinen und Juventus im Besonderen redet. Unter dem düsteren Blick des Urgroßvaters Gioachino mit dem weißen Schnurrbart, dessen Fotografie an prominenter Stelle im Hauptspeisesaal hängt, wird den Gästen das gesamte Repertoire der piemontesischen Küche, in Vollendung und passend zur Jahreszeit mit Zutaten aus der Region zubereitet, geboten: von den Antipasti (*insalata russa*, rohes, mit der flachen Seite der Messerklinge geklopftes Fleisch, *vitello tonnato*, ein Auflauf aus buckligen Karden, bucklige Karden mit Fonduta oder Paprika mit Sardellen) über die Primi (*agnolotti dal plin* – Teigtaschen mit Fleischfüllung –, Ravioli nach Art des Monferrato, Gnocchi oder *tajarin* mit Lauchsugo) bis zu den Secondi (Zicklein, Kaninchen, Kalbshaxe, Lamm, Huhn oder Hase), Relikte der großen alten *potagé* in der Küche, die kochend heiß auf einem großen Wagen serviert werden, damit sich jeder selbst bedienen kann.
Seit einigen Jahren wird in den Restaurantkritiken ein großer, oft unangebrachter Wirbel um die Rohstoffe veranstaltet, aber im Fall des Bardon ist es beinahe eine Pflicht, die Qualität der Zutaten zu betonen, wie zum Beispiel der süßen und fleischigen Paprikaschoten und in der Saison der *bagna cauda* der ganz zarten buckligen Karden sowie des immer zarten Fleisches. Zur Hervorhebung des Eigengeschmacks hat Gino ganz entgegen den alten Rezepten eine Theorie entwickelt, die er Express-Garen nennt (Achtung, hier ist nicht von Fastfood die Rede!). Seiner Meinung nach benötigen bestimmte Gerichte wie ein guter Sugo oder eine *bagna cauda* keineswegs stundenlange Garzeiten. Die Ergebnisse kann man auf dem Teller bewundern und sie geben ihm recht. Am besten überzeugt man sich selbst in der Trattoria Del Belbo da Bardon, wo das Recht auf Genuss schon seit 100 Jahren tagtäglich ausgeübt wird und die Gastfreundschaft zu Hause ist.
100 Jahre Glück!

POMOROSSO

Foto: © Marcello Marengo

Cardo gobbo – die bucklige Karde aus Nizza Monferrato

Die Karden wachsen auf den Sandböden zwischen Nizza Monferrato, Incisa Scapaccino und Castelnuovo Belbo und sind das Ergebnis von Millionen Jahre alter geologischer Geschichte. Sie werden im Mai angepflanzt und im Oktober geerntet. „Bucklig" werden sie durch eine spezielle Anbautechnik. Nach der Aussaat werden sie weder gewässert noch gedüngt oder irgendwie bearbeitet. Im September, wenn sie hochgewachsen und üppig stehen, werden sie umgebogen und mit Erde bedeckt. Wenn sie sich jetzt zu befreien versuchen, um wieder ans Tageslicht zu gelangen, blähen sie sich auf und biegen sich, werden also „bucklig". Die Rippen verlieren ihr Chlorophyll, sie werden ganz zart und weiß. Nach einem Monat ist dieser Prozess abgeschlossen: Man holt die Karden aus der Erde, entfernt die äußeren Blätter und die unbrauchbaren Rippen mit einer Hippe (einem langen, schmalen Sichelmesser) und behält nur das Herz. Jetzt muss man sie nur ein wenig waschen und schon sind sie verzehrfertig, knackig und süß. Die buckligen Karden von Nizza Monferrato, die einzigen, die man auch roh verzehren kann, sind eine der Hauptzutaten einer berühmten Spezialität der piemontesischen Küche: die *bagna cauda*, eine heiße Sauce aus Knoblauch, Olivenöl und Sardellen. Natürlich kann man die buckligen Karden auch garen und gefüllt, frittiert, in Suppen oder in vielen anderen Zubereitungsarten genießen.

FAIVELEY

Insalatina con scorzone

Salat mit Trüffel und Ziegenfrischkäse

FÜR 4 PERSONEN

8–10 Zucchiniblüten
Olivenöl extra vergine
Salz und frisch gemahlener Pfeffer
4 Eier
1 kleines Stück Parmesan
frischer Pflücksalat
Formaggetta di Roccaverano (Ziegenmilchfrischkäse aus Roccaverano, ersatzweise ein anderer Ziegenmilchfrischkäse)
Weißweinessig
1 schwarzer Sommertrüffel
Zubereitungszeit: 25 Minuten

Die Zucchiniblüten in feine Streifen schneiden und mit etwas Öl in einer beschichteten Pfanne kurz anbraten. Salzen und pfeffern, abkühlen lassen.
Die Zucchiniblüten mit den Eiern und dem geriebenen Parmesan verschlagen. In einer Pfanne etwas Öl erhitzen (nicht zu heiß) und die Mischung hineingeben. Warten, bis die Masse auf einer Seite gestockt ist, dann das Omelett mithilfe eines Tellers oder Pfannendeckels wenden und auf der anderen Seite backen. Abkühlen lassen und in kleine Würfel schneiden.
Etwas gewaschenen und zerkleinerten Plücksalat auf je einem Teller anrichten, fünf Omelettwürfel und vier oder fünf Würfel Formaggetta darauf verteilen. Mit Olivenöl und Weißweinessig beträufeln und den in hauchdünne Scheibchen gehobelten Trüffel darüberstreuen.

Abbildung auf der gegenüberliegenden Seite

Pasta e fagioli alla monferrina

Bohnen-Nudel-Suppe nach Art des Monferrato

FÜR 5–6 PERSONEN

Für die Suppe
500 g frische (oder 200 g getrocknete) Borlotti-Bohnen
1 Karotte
1 kleine Stange Lauch
1 Stange Sellerie
1 Zwiebel
1 Knoblauchzehe
Olivenöl extra vergine
1 ½ l fettarme Fleischbrühe
3 mittelgroße Kartoffeln
1 dicke Scheibe Speck
Salz
Für den Nudelteig
200 g Weizenmehl
3 Eier
Salz
Zubereitungszeit: 3 ½ Stunden plus eventuell Zeit zum Einweichen der Bohnen

Die frischen Borlotti-Bohnen enthülsen oder die getrockneten Bohnen über Nacht einweichen.
Karotte, Lauch, Sellerie, Zwiebel und Knoblauch grob hacken und in 2 EL Öl anbraten. Eine halbe Schöpfkelle Brühe dazugeben, 10 Minuten garen und abkühlen lassen.
Das Gemüse in einen Topf geben und die Borlotti-Bohnen, die geschälten Kartoffeln im Ganzen, die Speckscheibe (wird am Ende der Garzeit herausgenommen) sowie eine Prise Salz hinzufügen. Mit der restlichen Brühe bedecken. Zum Kochen bringen und 3 Stunden köcheln lassen.
Inzwischen Mehl, Eier und etwas Salz auf einer Arbeitsfläche zu einem Nudelteig verkneten. Dünn ausrollen und in breite Bandnudeln schneiden, diese wiederum in 2–3 cm lange Stücke teilen. Auf einem Tablett ausbreiten und trocknen lassen.
Sobald die Suppe fertig ist, die Kartoffeln zusammen mit einer Schöpfkelle Gemüse durch ein Sieb passieren und wieder in die Suppe geben. Die Suppe aufkochen, die Nudeln hineingeben und in wenigen Minuten bissfest garen. In einer Suppenschüssel servieren.

Merluzzo al verde

Kabeljau mit Gemüsesauce

FÜR 6 PERSONEN

1 kg eingesalzener Kabeljau (Stockfisch)
Weizenmehl Type 00 (ersatzweise Type 405)
Olivenöl
1 Handvoll Spinat oder Mangold
1 Paprikaschote
1 Stange Lauch
½ Sellerieknolle
Fleisch- oder Gemüsebrühe (nach Belieben)
2 Knoblauchzehen
1 Handvoll Petersilie
4 Salbeiblätter
3 EL Kapern
4 reife Tomaten
Salz
Zubereitungszeit: 1 ¼ Stunden plus Zeit zum Wässern für den Kabeljau

Den Kabeljau gründlich waschen, 2 Tage mit Wasser bedeckt wässern und das Wasser dabei sehr häufig wechseln. Den Fisch abtropfen lassen und die Filets jeweils in drei Stücke schneiden. Abtrocknen, leicht mit Mehl bestauben und in siedendem Öl frittieren. Auf eine Servierplatte geben und warm stellen.
Für die Gemüsesauce Spinat (oder Mangold), Paprikaschote, Lauch und Sellerie grob hacken und mit etwas Öl in einer Pfanne 15 Minuten braten. Wenn keine Flüssigkeit mehr in der Pfanne ist, ein wenig Brühe dazugeben. Knoblauch, Petersilie, Salbei und gewässerte Kapern hacken, hinzufügen und alles gut vermischen.
Die Tomaten häuten, Kerne und Flüssigkeit entfernen. In große Stücke schneiden und in einem Topf 5 Minuten kochen, dann zu der Gemüsesauce geben. Die Kabeljaustücke dazugeben, eventuell nachsalzen und einige Minuten mitgaren lassen, damit der Kabeljau den Geschmack des Gemüses annimmt.

Mattone

Schichtdessert mit Schokolade

FÜR 6–8 PERSONEN

1 kg zimmerwarme Butter
1 kg Zucker
4–5 Eigelb
300 g dunkle Schokolade
1 Tasse Espresso
1 kleines Glas Likör
500 g trockene Kekse (z.B. Butterkekse)
150 g Haselnusskerne, geröstet, enthäutet und gehackt
Zubereitungszeit: 40 Minuten plus Zeit zum Abkühlen

In einer Schüssel Butter, Zucker und Eigelb mit einem Handrührgerät oder einem Schneebesen verrühren. Die Masse halbieren und zu einer Portion die geriebene dunkle Schokolade hinzufügen.
In einer Schüssel Espresso und Likör verrühren und die Kekse nur kurz darin eintunken, sodass sie ein wenig weich werden.
Auf einer Servierplatte ein Sechstel der Kekse nebeneinander auslegen und mit der entsprechenden Menge der hellen Eiercreme bedecken. Eine weitere Schicht Kekse darüberlegen und mit der dunklen Eiercreme bedecken. Abwechselnd weiter so verfahren, bis alle Zutaten aufgebraucht sind. Es sollten mindestens fünf oder sechs Schichten entstehen, wobei die dunkle Eiercreme den Abschluss bilden soll. Mit den gehackten Nüssen bestreuen.
Das Dessert für einige Stunden in den Kühlschrank stellen. Mindestens 5 Minuten vor dem Servieren herausnehmen.

Abbildung auf der gegenüberliegenden Seite

MICHELIN

La Brinca

Via Campo di Ne 58 – 16040 Ne (Genua) – Tel.: 0039-0185-337480

Fotos von **Gianni und Tiziana Baldizzone**
Texte von **John Irving**

Seit über 25 Jahren gilt das La Brinca als Synonym für die Landküche Liguriens: Man findet also weniger Fisch auf der Karte, sondern Kaninchen, Oliven, Quarantina-Kartoffeln, panissa, prebugiun *und köstliche Tomaxelle (gefüllte Kalbfleischröllchen). Es ergänzen sich Tradition und Innovation auf das Vortrefflichste.*

„Ach ja, die *pappardelle* und die *ribollita* waren sooo lecker. Und erst die *pici* und die *aquacotta* …", schwärmte meine Schwester an einem Samstag im Juli vor ein paar Jahren.

Sie machte Urlaub in Italien, wir saßen im Auto und befanden uns nach einer Woche am Meer in der Maremma auf dem Rückweg ins Piemont. Gerade waren wir an der Versiliaküste, in der Nähe von Pietrasanta.
„Das Wildschwein und das Kaninchen auf etruskische Art haben mir wirklich sehr gut geschmeckt. Aber …"
„Was aber?"
„Aber jetzt würde ich unheimlich gern eine Pie essen."
Wie alle Nordengländer kann meine Schwester ohne Pies, die englische Variante der Quiche, nicht leben. Das ist ihr Soul Food. Dort, wo sie wohnt, in Newcastle, ist ein Essen ohne Pie kein Essen.
„Die italienische Küche ist so gut, ich liebe alles an ihr, schade nur, dass es keine Pies gibt", maulte sie. Sie war so langsam auf Pie-Entzug.
„Du irrst dich", sagte ich.
Wir würden gleich die Grenze zwischen der Toskana und Ligurien passieren. Ich sah auf die Uhr, es war fast zwölf Uhr mittags.
„In knapp einer Stunde bekommst du deine Pie, du wirst schon sehen."
Meine Schwester wusste nicht, dass auch die Menschen in Ligurien herzhafte Pasteten lieben, wenn auch eher mit vegetarischen Füllungen, während man in *good old England* gerne Rinderhack und Zwiebeln, Rinderhack und Kartoffeln, Rindfleisch und Nieren, Hühnchen und Pilze, Lamm und Gemüse, Eier und Bacon oder Wild hineinpackt … Also ziemlich deftiges Zeug.
„Unsere Väter, die Kinder, die Mädchen/aßen die *necci* mit Ricotta/statt Torten und *frisciulle*", heißt es in einem Gedicht von Don Luigi Biagio Tiscornia, Priester und Lokalhistoriker des Valgraveglia zwischen den beiden Weltkriegen.
Und genau dort im Valgraveglia, im Hinterland von Lavagna, wollte ich Station machen. Genauer gesagt in der Trattoria La Brinca bei Familie Circella, einer *caneva con fündego da vin* (Laden mit Weinkeller), die etwa 200 Meter oberhalb von Ne liegt. Ne – ein Ort, dessen Namen zwar nur aus zwei Buchstaben besteht, der aber 50 Ortsteile hat, außerdem zwei bemerkenswerte Trattorie (die andere, Antica Trattoria dei Mosto, liegt unten im Tal am gleichnamigen Platz) und viele kleine Landwirtschaftsbetriebe mit Viehzucht und Ackerbau.
Bereits in den 1930er Jahren führte die Familie Circella eine Osteria-Mühle-Ölmühle-Tante-Emma-Laden, ganz oben an einer steilen, kurvenreichen Straße oberhalb der Kirche Santa Maria Assunta gelegen, wo sich die Leute des Ortes trafen. Damals kam man nur mit dem Maultier hier herauf. Die Trattoria La Brinca, die 1987 von der Familie eröffnet wurde, liegt noch ein wenig höher, in einem restaurierten Bauernhaus mit einer Terrasse, von der man einen atemberaubenden Blick über das Tal hat.
Einst wohnte hier in der zweiten Hälfte des 19. Jahrhunderts eine alleinstehende Frau, die Tochter einer Familie mit dem Spitznamen „i Brinche", (dieser Name kommt höchstwahrscheinlich von *brincu*, was

Vini Rossi
Vini Rossi

LA BRINCA
LA BRINCA

im ligurischen Dialekt „steil“ bedeutet) und so kam die Trattoria zu ihrem Namen.
Im La Brinca ist auch die Speisekarte reinste Genueser Mundart: *panissa* (Kichererbsenpüree), *prebugiun* (Kartoffel-Schwarzkohl-Törtchen), *picagge* (Tagliatelle), *tuccu* (Fleischsugo), *tomaxelle* (Kalbfleischröllchen mit einer Füllung aus Fleisch, Kräutern, Pinienkernen und Pilzen), *sancrau* (Sauerkraut) … viel Traditionelles, aber oft sorgsam neu interpretiert. Die letzte Entdeckung ist *cuniggiu magro*, eine rustikale Variante des bekannten *cappon magro* von der ligurischen Küste, wobei Fisch und Schiffszwieback durch in Schweinebauch gewickeltes Kaninchenfleisch und hausgemachte geröstete Focaccia ersetzt werden.
An jenem Samstag war ich mir sicher, dass ich zwischen all diesen kulinarischen Schätzen aus Liguriens Überlieferung auch einen herzhaften Kuchen finden würde, mit dem ich meine Schwester überraschen könnte: vielleicht aus Reis und Kräutern oder eine einfache Mangoldtarte. Ich lag fast richtig: Unter den Antipasti entdeckten wir eine *baciocca*, eine Tarte aus Quarantina-Kartoffeln, roten Zwiebeln aus Zerli, Olivenöl extra vergine, Parmesan, Eiern, Speck, Knoblauch, Majoran und Oregano, die in Rauten geschnitten warm serviert wird.
„*Potato pie*!“, rief meine Schwester begeistert nach dem ersten Bissen.
„Im Laufe der Zeit ist die *baciocca* einer der beliebtesten herzhaften Kuchen hier im Binnenland geworden“, erklärte der Inhaber des Lokals, Sergio Circella, der seiner Arbeit voller Leidenschaft nachgeht. „Wer sie nun wirklich erfunden hat, darüber streiten sich Sopralacroce di Borzonasca im Valle Sturla in der Provinz Genua und Santa Maria del Torlo, ein Ortsteil von Tornolo in der Provinz Parma, wo aber Genueser Dialekt gesprochen wird.“
Ich war stets der Meinung, dass man im La Brinca immer das (schöne) Gefühl hat, man würde dort Dinge essen, die man nirgendwo anders findet. Aber seit Sergio meiner Schwester das Rezept für die *baciocca* geschenkt hat, findet man diese Köstlichkeit auch in Newcastle. Dank der Trattoria La Brinca gibt es jetzt auch in England ein Stückchen Ne.

Brinca

Die Quarantina-Kartoffel

Bianca di Torriglia, Bianca di Montoggio, Bianca di Reppia, Quarantina bianca ... unter all diesen Namen kennt man die älteste Kartoffelsorte des ligurischen Binnenlandes, die immer mehr auf die lokalen Märkte zurückkommt, nachdem sie schon ganz zu verschwinden drohte. Da sie an sandige Gebirgsböden gewöhnt ist, wird sie ausschließlich oberhalb von 300 Metern angebaut. Sie hat eine helle glatte Schale und ist innen weiß. Sie schmeckt ausgezeichnet, ist für alle Zubereitungsarten geeignet, ideal für Gerichte mit Stockfisch oder Schmorgerichte im Allgemeinen. In der Trattoria La Brinca ist sie die Hauptzutat für die *torta baciocca*.

Sergio Circella kauft seine Quarantina-Kartoffeln bei zwei kleinen Produzenten: la Rue di Zerli von Franca Damiani im Ort Zerli, der zu Ne im Valgraveglia gehört („Bei Franca kaufen wir Quarantina-Kartoffeln, rote Zwiebeln aus Zerli, Olivenöl extra vergine, Konfitüren, Honig und Oregano."), und in der Azienda Villa Rocca von Nadia Fontana und Fabrizio Bottari in Villa Rocca (Rezzaglio) im Val d'Aveto (Genua). „Dort kaufen wir auch andere Kartoffelsorten, schwarze Johannisbeeren aus biologischem Anbau, aus denen wir Eis machen, Bio-Mais, Mehl aus Tosella-Weizen, Patatin- und Fagiolane-Bohnen."

Die Quarantina-Kartoffel gehört zu den über 400 Erzeugnissen, die in der Arche des guten Geschmacks Platz gefunden haben, einem Projekt von Slow Food zur Förderung und zum Schutz von bäuerlichen Kleinbetrieben, die einen besonderen kulinarischen Wert darstellen.

La Brinca

Prebugiun di patate e cavolo nero
Kartoffel-Schwarzkohl-Törtchen

FÜR 4 PERSONEN

500 g Quarantina-Kartoffeln (ersatzweise eine andere vorwiegend festkochende Sorte)
1 Schwarzkohl (etwa 500 g)
2 Knoblauchzehen
1 Prise grobes Salz
Olivenöl extra vergine
2 rote Zwiebeln oder einige Frühlingszwiebeln, in Ringen
Zubereitungszeit: 45 Minuten

Die Kartoffeln in einem Topf mit kaltem Wasser aufsetzen und weich kochen. Den Schwarzkohl putzen, in feine Streifen schneiden und kurz kochen. In einem Mörser die Knoblauchzehen mit dem groben Salz zerstoßen. Die weich gegarten Kartoffeln abseihen, pellen und durch ein grobes Sieb passieren. Die Kohlstreifen mit der Knoblauch-Salz-Mischung vermengen. Die passierten Kartoffeln in eine Schüssel geben und nach und nach die Kohlstreifen untermischen. So viel Olivenöl hinzufügen, dass eine cremige Masse entsteht. Vom *prebugiun* jeweils etwa 2 EL abstechen, zu Törtchen formen und heiß mit Zwiebel- oder Frühlingszwiebelringen garniert servieren.

Abbildung auf der gegenüberliegenden Seite

Lattughe ripiene in brodo
Kopfsalatröllchen in Brühe

FÜR 4 PERSONEN

20 Blätter Kopfsalat
200 g mageres Kalbfleisch
1 Karotte, 1 Zwiebel
1 Handvoll Pinienkerne
1 Zweig Rosmarin
Olivenöl extra vergine
2 Knoblauchzehen
1 kleines Bund Majoran
1 Eigelb
Salz
1 l Brühe aus Huhn und Rindfleisch
2 EL geriebener Parmesan
Zubereitungszeit: 1 Stunde

Die Kopfsalatblätter dämpfen oder kurz in kochendes Wasser geben, damit sie weich genug sind, um sie zu rollen. Auf einem Tuch ausbreiten und trocknen lassen.
Das fein gewürfelte Fleisch, die zerkleinerte Karotte, die gehackte Zwiebel, die Pinienkerne und die Rosmarinnadeln in eine Pfanne geben und 10 Minuten in etwas Olivenöl anbraten, dann alles durch den Fleischwolf drehen. Den gehackten Knoblauch und den gehackten Majoran hinzufügen und die Masse mit dem Eigelb binden. Salzen und aus der Mischung 20 Bällchen formen, diese jeweils auf die Mitte eines Salatblatts legen. Die Blätter aufrollen, in eine Pfanne geben und für 15 Minuten in den auf 180 °C vorgeheizten Backofen stellen. Inzwischen die Brühe erhitzen. Die Salatröllchen in eine Suppenschüssel geben, mit der heißen Brühe bedecken und mit geriebenem Parmesan bestreuen.

Tomaxelle
Kalbfleischröllchen

FÜR 4 PERSONEN

4 Scheiben Kalbfleisch
100 g Kalbshack
2 kleine Zwiebeln
3 Knoblauchzehen
1 Handvoll Pinienkerne
Olivenöl extra vergine
trockener Weißwein
1 Ei plus 1 Eigelb
Parmesan, gerieben
einige Zweige Majoran
1 Bund glatte Petersilie
1 kleiner Zweig Rosmarin
Salz
Fleischbrühe
Für den Sugo
300 g Steinpilze, geputzt
Olivenöl extra vergine
1 Tasse Tomatenpüree
Salz und frisch gemahlener Pfeffer
Zubereitungszeit: 1 ½ Stunden

Die Kalbfleischscheiben halbieren und mit dem Fleischklopfer breit und flach klopfen.
Das Kalbshack mit einer gehackten Zwiebel, einer gehackten Knoblauchzehe und den Pinienkernen in

etwas Olivenöl anbraten. Mit ein wenig Weißwein aufgießen und einkochen lassen. Das angebratene Fleisch durch den Fleischwolf drehen. Ei und Eigelb, Parmesan, gehackten Majoran (1 Zweig beiseitelegen) und eine weitere gehackte Knoblauchzehe hinzufügen und alles mit etwas Olivenöl gut vermengen, bis ein geschmeidiger Teig entsteht.
Petersilie (ein wenig zum Garnieren zurückbehalten), Rosmarin und die dritte Knoblauchzehe klein hacken und über die leicht gesalzenen Kalbfleischscheiben streuen. In die Mitte jeder Kalbfleischscheibe ein Bällchen der Hackfleischmischung geben. Aufrollen und mit Küchengarn fixieren.
Die zweite Zwiebel hacken, in Öl anschwitzen und die Kalbfleischröllchen darin gut anbraten. Mit Weißwein aufgießen und 40 Minuten bei niedriger Temperatur schmoren, ab und zu mit etwas Fleischbrühe übergießen. Zuletzt den Sugo zubereiten: Hierfür die Steinpilze in kleine Stücke schneiden und in einer Pfanne leicht anschwitzen. Das Tomatenpüree zugeben und erwärmen. Mit Salz und Pfeffer abschmecken. Die Kalbfleischröllchen mit etwas gehackter Petersilie bestreuen und mit einem Zweig Majoran garnieren. Den Sugo dazu reichen.

Abbildung auf der gegenüberliegenden Seite

Coniglio ripieno alle erbe

Kaninchen mit Kräuterfüllung

FÜR 4 PERSONEN

1 küchenfertiges, entbeintes Kaninchen
5 Blätter Mangold
6 Scheiben Pancetta (magerer Bauchspeck)
2 Eier
2 altbackene Brötchen, in 1 Tasse Milch eingeweicht
100 g Parmesan, gerieben
1 Knoblauchzehe
2 kleine Zweige Majoran
1 Prise frisch geriebene Muskatnuss
Salz
1 Glas trockener Weißwein
einige Lorbeerblätter
Olivenöl extra vergine
Außerdem
1 Stück Schweinenetz
Zubereitungszeit: 2 ½ Stunden

Das Kaninchenfleisch flach ausbreiten, mit den rohen Mangoldblättern und den Pancetta-Scheiben belegen. In einer Schüssel die Eier, die ausgedrückten Brötchen, den Parmesan, den gehackten Knoblauch und Majoran, Muskatnuss und Salz vermischen.
Das mit Mangold und Pancetta belegte Fleisch mit der Eier-Brötchen-Käse-Masse bestreichen. Das Fleisch aufrollen und mit dem Schweinenetz verschließen. Das Kaninchen zusammen mit dem Weißwein und den Lorbeerblättern in eine feuerfeste Form geben und mit etwas Öl begießen. Bei 150–180 °C etwa 1 ½ Stunden im Backofen garen.
Zum Servieren die Kaninchenrolle vorsichtig in Scheiben schneiden.

Biancomangiare

Orangenblütencreme

FÜR 4–6 PERSONEN

500 ml Milch
300 g extrafeiner Zucker
15 g Gelatine
500 ml Sahne
1 TL Orangenblütenwasser
Zubereitungszeit: 30 Minuten plus Zeit zum Abkühlen

Die Milch mit dem Zucker erhitzen, aber nicht aufkochen. Die Gelatine darin auflösen und die leicht geschlagene Sahne dazugeben. Die Mischung mit dem Orangenblütenwasser aromatisieren. Die Masse in kleine Formen füllen und im Kühlschrank abkühlen lassen.
Die Orangenblütencreme nach Belieben mit einer Sauce aus Orangensaft, Zucker und Maisstärke, mit Rosenblütensirup oder mit einer Sauce aus Erdbeertrauben servieren.

CAFFE
LA CREPA

Caffè La Crepa

Piazza Matteotti 14 – 26031 Isola Dovarese (Cremona) – Tel.: 0039-0375-396161

Fotos von **Gianni und Tiziana Baldizzone**
Texte von **Eugenio Signoroni**

Die historische Osteria Caffè la Crepa entstand 1832. Obwohl sie im Laufe der Zeit größere Veränderungen im Aussehen und Konzept erlebt hat, hat sie sich immer ihren ganz eigenen Zauber bewahrt. Und mit den Jahren hat man sich dort mit vorzüglichen Gerichten, einem hervorragenden Weinkeller und einem Eis, das man einfach gegessen haben muss, einen Namen gemacht.

Seit seiner Eröffnung 1832 ist das Caffè La Crepa für die Einwohner des kleinen Ortes Isola Dovarese immer einer der wichtigsten Treffpunkte gewesen. Als Elda und Giuseppe Malinverno 1969 die Osteria übernahmen, war sie ein einfaches Lokal, in dem man ein Glas Wein trank, Karten spielte und dazu eine Stockfischkrokette oder eine Frikadelle aß, oder was Elda sonst an Kleinigkeiten auf den Tisch brachte. Nichts deutete damals darauf hin, dass hier im Laufe der Zeit Ideen entwickelt und verwirklicht wurden, durch die die Osteria an der Piazza Matteotti eines der besten Restaurants in ganz Norditalien und eine der wichtigsten Osterie der Poebene mit Vorbildcharakter werden sollte.

Der erste entscheidende Schritt dazu wurde 1974 getan. Ganz in der Nähe eröffneten die Söhne der Malinvernos, Franco und Fausto, in der Via Garibaldi eine Enoteca, wo sie das Beste aus der aktuellen Weinproduktion anboten. Dieses neue Geschäft war sofort sehr erfolgreich, weil die beiden ein sicheres Gespür für die Winzer hatten, die später zu absoluten Stars der italienischen und internationalen Szene werden sollten. In einer noch in den Anfängen steckenden Weinlandschaft waren sie die Vorreiter. Die Enoteca der Malinvernos belieferte dann auch viele Restaurants, die in der Zwischenzeit in der Umgebung von Isola Dovarese entstanden waren und innerhalb weniger Jahre zu den Tempeln der italienischen Küche zählen sollten: „Il Pescatore" in Canneto sull'Oglio, „Il Bersagliere" in Goito, „Il Sole" in Maleo, um hier nur einige Namen zu nennen. Die Brüder Malinverno unterhielten zu diesen Restaurants jedoch nicht nur reine Geschäftsbeziehungen: Man tauschte sich über die Küche, Trends, den Umgang mit den Gästen und anderes mehr aus und viele der damaligen Überlegungen wurden dann in der Osteria umgesetzt, wie sich unschwer erkennen lässt. Zu den wichtigsten Entscheidungen gehörte vielleicht, dass man den Gast nur draußen (wegen der hohen Platzmiete) das sonst übliche Gedeck zahlen lässt und dass jeder bestellen kann, was er mag, auch wenn es nur ein Dessert ist. Auf der Speisekarte sind keine Produzenten aufgeführt, Fausto nennt sie aber auf Nachfragen gern. Diese dem Trend der letzten Jahre zuwiderlaufende Entscheidung, nach dem für viele Gastronomen die Liste der Produzenten beinahe so wichtig geworden war wie die Speisekarte selbst, hat man nach dem Vorbild von Franco Colombani, dem Besitzer des „Il Sole" in Maleo getroffen. Er serviert Weine nur in Karaffen umgefüllt, damit der Kunde sich nicht vom Etikett beeinflussen lässt. Fausto Malinverno ist genauso überzeugt, dass die Wurstwaren im Caffè La Crepa einfach gut sein müssen, egal von wem sie kommen, und dass ein guter Wirt nicht nur in der Lage sein muss, hervorragende Produzenten auszuwählen, sondern auch dafür verantwortlich ist, dass der Gast deren Gemüse, Käse oder Nudeln in unvergesslicher Erinnerung behält.

Inzwischen ging in der Osteria der Alltag weiter. Und der überbordende Tatendrang der Malinvernos brachte sie dazu, 1976 eine angeschlossene Eisdiele zu eröffnen, die das Caffè La Crepa über die Grenzen des Ortes hinaus bekannt machen sollte. Der Weg dahin war nicht ganz leicht gewesen. Zunächst galt es, die Zweifel des Bankdirektors zu zerstreuen, als sie

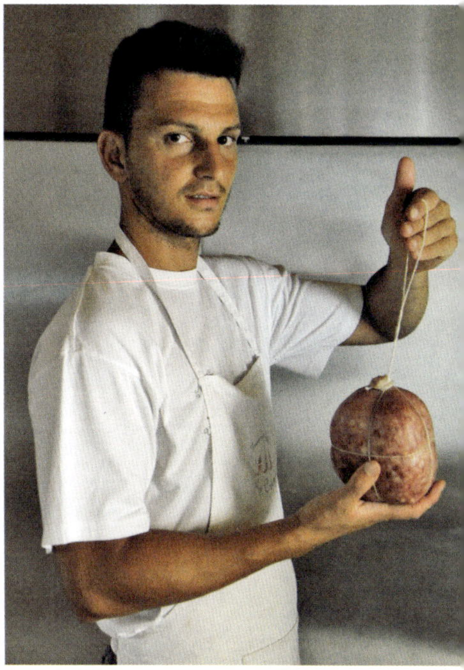

einen Kredit haben wollten. Er fragte sich, wer bis nach Isola Dovarese kommen würde, nur um ein Eis zu essen. Die Antwort darauf gab die Zeit: alle, die dort einmal mit Blick auf diese wunderschöne Piazza ein Eis genossen hatten! Durch sorgfältig ausgewählte Rohstoffe aus der Region und auch heute noch innovative Herstellungsmethoden wurde das Eis vom Caffè La Crepa eine immer größere Attraktion für die Gäste, die auch aus den angrenzenden Provinzen kamen. Zunächst nur, um das Eis zu probieren, dann aber auch, um die interessanten Gerichte der Osteria kennenzulernen.

Von da an gründete sich die Erfolgsgeschichte vor allem auf die tägliche Arbeit in Küche und Service und auf die ständige Suche nach den besten Produkten, die die Region (aber nicht nur sie) zu bieten hat. In den 1980er Jahren stimmte die Weinkarte der Osteria mit dem Angebot der Enoteca überein und ein paar Jahre später ging die Leitung der Osteria endgültig an Franco und Fausto über. Die Gelateria wurde geschlossen, doch viele der Eissorten finden sich nun auf der Dessertkarte wieder. Sonst besteht die Speisekarte aus traditionellen Spezialitäten aus Cremona und Mantua, die neu interpretiert wurden und daher nicht mehr so deftig daherkommen. Außerdem bietet sie innovative Gerichte, die die Region mit der gleichen Authentizität widerspiegeln wie zu der Zeit, als Mamma Elda noch am Herd stand. Für den Service sind immer noch die Malinvernos zuständig, heute unterstützt sie Federico dabei. Gemeinsam gelingt es ihnen, ihren Gästen den geheimen Zauber dieser Ebene an den Ufern des Oglio zu vermitteln.

Der Lambrusco aus Viadana von Mimma Vignoli

Wein bildete und bildet einen der Stützpfeiler des Caffè La Crepa. Deshalb ist es nur logisch, dass die Brüder Malinverno auf unsere Frage nach einem Namen für diese Rubrik – die Produkten oder Erzeugern gewidmet ist, die den Osterie besonders am Herzen liegen – diesen kleinen Lambruscowinzer – pardon, die Lambrusco-winzerin – aus Viadana genannt haben. Das Konzept der Enoteca und später auch der Osteria der Malinvernos basierte schon immer darauf, kleine, beinahe unbekannte Winzer, am besten Bio-Winzer (wie in diesem Fall) zu entdecken und zu fördern. Die Geschichte von Mimma Vignoli von der Azienda Agricola Corte Pagliare in Commessaggio (Mantua), Tel.: 0039-0376-98526, besteht genau wie die des Caffè La Crepa aus einem gewagten Plan, der aufgegangen ist. 1986 haben Mimma und ihre Schwester Amedea auf 15 Hektar Weinberg mit dem biologischen Anbau von Lambrusco begonnen. Die Rebsorte mit den Namen *Viadanese* oder *Mantovana* wird fast ausschließlich in der Provinz Mantua angebaut und verdankt ihre, wenn auch bescheidene, Verbreitung dem Agronomen Professor Rapetti, der Ende des 19. Jahrhunderts die Stöcke auf dem ganzen Gebiet um Mantua anpflanzen ließ. Der Wein, den man aus diesen runden, dickschaligen Beeren gewinnt, ist dunkelrot und hat eine gute, ausgewogene Struktur. Ein schlichter Wein, der auf der Karte des Caffè La Crepa das Konzept der Brüder Malinverno bestätigt: nur ausgezeichnete Qualität anzubieten, ganz egal, ob dahinter eine Geschichte oder ein berühmter Name steht. Für sie zählt nur, dass es sich um ein ehrliches Produkt handelt.

Anguilla in carpione

Marinierter Aal

FÜR 4 PERSONEN

1 Aal (etwa 1,2 kg)
einige Salbeiblätter
Für die Marinade
1 Stange Sellerie
3 Karotten
2 weiße Zwiebeln
1 rote Zwiebel
2 Knoblauchzehen
4–5 Kirschtomaten
2 Lorbeerblätter
1 Zweig Rosmarin
einige Pfefferkörner
Olivenöl extra vergine
2 Gläser trockener Weißwein
1 l Weißweinessig
8 EL feiner Zucker
2 EL Salz
Zubereitungszeit: 1 ¼ Stunden

Zuerst die Marinade vorbereiten. Dazu Sellerie, Karotten und Zwiebeln in feine Streifen bzw. Scheiben schneiden. Mit den Knoblauchzehen, den halbierten Kirschtomaten, den Lorbeerblättern, dem Rosmarin und den Pfefferkörnern in eine große Pfanne geben und in etwas Olivenöl anbraten. Dann Wein, Essig, Zucker und Salz dazugeben. Aufkochen, vom Herd nehmen und lauwarm abkühlen lassen.
Den Aal säubern, ausnehmen und gründlich waschen. Mit den Salbeiblättern füllen und mit Küchengarn umwickeln. Den Aal rundum in etwas Olivenöl anbraten, dann in die noch lauwarme Marinade legen und 30 Minuten ziehen lassen, bis alles erkaltet ist. Den Aal herausnehmen, in Scheiben schneiden und servieren.

Tortelli amari all'erba di san Pietro

Bittere Tortelli mit Frauenminze

FÜR 8–10 PERSONEN

Für den Teig
800 g Weizenmehl Type 00 (ersatzweise Type 405)
8 Eier
Für die Füllung
2 kg Mangold
200 g Zwiebeln
1 Knoblauchzehe
100 g Butter
20 g frischer Salbei
12 Blätter Frauenminze
1 Ei
200 g Grana Padano, gerieben
50 g altbackenes Brot, gerieben
½ Muskatnuss, gerieben
Salz
Zubereitungszeit: 2 Stunden

Für den Teig das Mehl auf die Arbeitsfläche häufen, in die Mitte eine Mulde drücken und die Eier hineingeben. Zunächst alles mit einer Gabel gut vermischen, dann zu einem elastischen Teig verkneten. Den Teig 30 Minuten ruhen lassen, danach mit einer Teigrolle oder einem Rundholz dünn ausrollen. Wenn die Oberfläche ein wenig angetrocknet, aber noch nicht rissig geworden ist, in Quadrate gewünschter Größe schneiden.
Für die Füllung den Mangold kurz kochen oder dämpfen, gut ausdrücken und durch ein Sieb streichen oder pürieren. Die gehackten Zwiebeln und die ungeschälte Knoblauchzehe in der Butter anbraten. Den Knoblauch entfernen und die Salbeiblätter in der Butter knusprig braten. Die Salbeiblätter herausnehmen und beiseitestellen. Den Mangold in die Pfanne geben und 10 Minuten braten. Die fein gehackte Frauenminze dazugeben. Abkühlen lassen, dann mit dem Ei, Käse, Brot, Muskatnuss und Salz vermengen. Die Füllung auf die Teigquadrate geben. Diese am besten zu Dreiecken schließen und in der Mitte knicken. Die Tortelli einige Minuten in kochendem Salzwasser garen, dann abseihen. Mit den knusprigen Salbeiblättern und nach Belieben mit etwas zerlassener Butter und einem Hauch Parmesan servieren.

Abbildung auf der gegenüberliegenden Seite

Savarin di riso con ragù e lingua salmistrata

Reissavarin mit gepökelter Zunge

FÜR 4 PERSONEN

Für den Reissavarin
½ weiße Zwiebel
100 g Butter, mehr für die Form
320 g Reis
1 Glas trockener Weißwein
1 ½ l Fleischbrühe
Grana Padano (mindestens 36 Monate gereift)
Für die Fleischsauce
100 g Schweinelende
100 g Kalbshack
2 Salamelle (Kochwürste vom Schwein)
1 Karotte
1 Stange Sellerie
1 Zwiebel
1 Knoblauchzehe
2 Lorbeerblätter
2 Salbeiblätter
100 g Butter
1 Glas Barbera
100 g Paste aus getrockneten Tomaten (ersatzweise Tomatenmark)
2 Schöpfkellen Fleischbrühe
Salz und frisch gemahlener Pfeffer
Außerdem
gepökelte Zunge
Grana Padano
Zubereitungszeit: 1 ¼ Stunden

Mit der Fleischsauce beginnen. Dazu die Fleischsorten zusammen mit den Kochwürsten durch den Fleischwolf drehen. Die Karotte, den Sellerie und die Zwiebel fein hacken. In einer Pfanne mit niedrigem Rand das Gemüse zusammen mit dem gehackten Knoblauch, Lorbeer und Salbei in der Butter anbraten. Die Fleischmasse hinzufügen und kurz mitbraten. Mit dem Rotwein ablöschen, die Tomatenpaste und die Brühe dazugeben. Die Sauce salzen und pfeffern und 30 Minuten bei niedriger Temperatur köcheln lassen.
Inzwischen für den Reissavarin die fein gehackte Zwiebel in 70 g Butter hellbraun anbraten, dann den Reis dazugeben und anrösten. Den Weißwein angießen, zwei Schöpfkellen Brühe dazugeben und zum Kochen bringen. Bei Bedarf nach und nach mehr Brühe dazugießen und unterrühren. Den fertig gegarten Reis mit der restlichen Butter und dem geriebenen Käse vermischen.
Eine Savarinform mit einem Loch in der Mitte mit Butter ausfetten und in den Kühlschrank stellen.
Zum Servieren die Form mit der gepökelten, in dünne Scheiben geschnittenen Zunge auslegen, den Reis mit einem Holzlöffel darauf verteilen. Die Form auf eine (am besten runde) Platte stürzen. Etwa 1 Minute warten, damit der Reis besser zusammenhält, dann die Form abnehmen. Die Höhlung in der Mitte mit reichlich Fleischsauce füllen und das Gericht großzügig mit geriebenem Käse bestreuen.

Abbildung auf der gegenüberliegenden Seite

Torta sabbiosa

Sandkuchen (glutenfrei)

FÜR 6–8 PERSONEN

350 g Kartoffelmehl
200 g Butter
3 Eier
250 g feiner Zucker
1 Msp. Bierhefe
Puderzucker
Zubereitungszeit: 70 Minuten

Das Kartoffelmehl mit der Butter vermischen und behutsam verkneten. Die Eier in einer Küchenmaschine oder mit einem Handrührgerät gründlich mit dem Zucker aufschlagen. Zusammen mit der Hefe unter die Kartoffelmehl-Butter-Masse mischen.
Die Masse in eine Tortenform (Ø 25 cm) füllen und im vorgeheizten Backofen bei 160 °C 40–45 Minuten backen.
Den Kuchen in der Backform abkühlen lassen, dann aus der Form lösen und vor dem Servieren mit Puderzucker bestauben.

Un piatto non si giudica
solo dalla sua bontà
ma anche dalla storia che
ci racconta

La Madia

Via Aquilini 5 – 25060 Brione (Brescia) – Tel.: 0039-030-8940937

Fotos von **Gianni und Tiziana Baldizzone**
Texte von **Eugenio Signoroni**

La Madia ist eines der besten Beispiele für die „Neue Osteria" in Italien: Hier wird nach ausgezeichneten Produzenten gesucht, man konzentriert sich auf traditionelle Gerichte, die nicht einfach nachgekocht, sondern interpretiert werden, und hinter dem Unternehmen steht eine Philosophie, die man im ganzen Lokal spürt.

„Hinter unseren Gerichten stehen keine Marken, sondern Menschen." Dieser Satz, der auf einer der Wände dieser malerischen Osteria zu lesen ist, ist ein guter Einstieg in die Geschichte des La Madia und des Kochs und Gründers Michele Valotti. Die wunderschöne Osteria liegt auf einem Hügel zwischen dem Iseosee und Brescia, von dem man einen herrlichen Blick auf Franciacorta hat.

Mit Michele ist es so: Auf den ersten Blick wirkt er schüchtern und ein wenig ungehobelt, aber im Grunde ist er jemand, der seine eigenen Grundsätze niemals zugunsten einfacherer Lösungen verraten würde. Das gilt besonders, wenn es um die Auswahl der Rohstoffe für seine Gerichte geht. Michele achtet dabei nicht nur auf Qualität, sondern auch auf ethisch einwandfreie Produktionsbedingungen und Authentizität. Diese sind ihm genauso wichtig für seine Küche wie Salz oder Pfeffer. In seinem Küchenverständnis sind Tradition und Terroir untrennbar verbunden. Traditionelle Gerichte kann man eben nur mit den besten Rohstoffen der Region zubereiten, aus der sie stammen. Im Allgemeinen ist dies hier eine Gegend voller Restaurants, die – wie man hier sagt – „Geld machen", indem sie irgendwelche Spieße mit Fleisch servieren, über das man nichts weiter weiß.
Michele dagegen verbringt einen großen Teil seiner Zeit im Auto. Zunächst, um Bauern, Züchter und Winzer zu suchen, die beste Qualität anbieten. Und wenn er sie gefunden hat, fährt er fast jeden Tag dorthin, um Käse, Ziegenfleisch und Wurstwaren einzukaufen. Jede dieser Entscheidungen, zum Beispiel einen kleinen Winzer oder einen der letzten professionellen Fischer am Iseosee zu unterstützen, fruchtet aus seiner Überzeugung, dass man nur auf diese Art und Weise Gutes tun kann – und zwar nicht nur dem Gast, sondern auch der Umwelt. So kann man zur Gründung neuer Wirtschaftszweige beitragen, die sich mit der Zeit verbreiten und in aller Stille Revolutionen auslösen, die den Alltag und die Lebensqualität aller Menschen tatsächlich verändern können.
Auch dieser Überzeugung wegen ist das La Madia als eines der besten Beispiele der neuen Osteria-Kultur weit über die Grenzen von Brescia hinaus bekannt geworden. Michele hat keine Angst, die Tradition zu überdenken und Gerichte mit überraschenden Aromen und neuen Texturen zu bereichern. Manchmal wagt er sich an ungewöhnliche Kombinationen und weiß, dass er so auch Fehler machen kann. Aber auf diese Weise sind ihm Gerichte gelungen, die heute schon wieder Teil einer neuen Tradition sind. Außerdem bringt er so immer wieder Menschen Lebensmittel nahe, die etwas schwieriger in der Zubereitung sind und daher heute nicht mehr ganz natürlich auf dem Speisezettel stehen, früher aber doch zum Alltag gehörten. Eines dieser Lebensmittel ist Schaffleisch. In den Tälern, die früher vor allem von Hirten besiedelt waren, war dieses Fleisch – wohlgemerkt nicht vom Lamm, sondern das vom erwachsenen Tier – bis vor einigen Jahrzehnten die wichtigste Proteinquelle. Doch da es einen sehr intensiven Geschmack hat und ganz sicher nicht so einfach zuzubereiten ist wie ein Rinderfilet, geriet Schaffleisch in Vergessenheit. Michele hat es nun zu einem seiner Aushängeschilder gemacht. Im La Madia gehört

15

zum Beispiel *cuz* zu den Rennern unter den Fleischgerichten.
Die Geschichte des Lokals ist noch ziemlich jung, und doch konnte es seine ehrgeizigen und komplexen Ziele in einer relativ kurzen Zeit erreichen. Michele, der seit jeher mit Leidenschaft kocht, studierte zunächst Philosophie und arbeitete als Koch in einem Agriturismo, bevor er 1998 die Osteria eröffnete. Er steht in der Küche, während Silvia, seine Lebensgefährtin, sich um den Service kümmert. Sie ist die perfekte Wirtin. Von Anfang an wurde hier sehr viel Wert auf erstklassige Produkte gelegt, aber es gestaltete sich zunächst schwierig, rentabel zu wirtschaften, denn die Osteria liegt zwar nahe am See und an der Stadt, ist aber dennoch nicht so leicht zu erreichen. Dennoch blieb Michele dabei, auf Qualität zu setzen und versuchte diese mit wirtschaftlicher Machbarkeit zu verbinden. Seine hervorragenden Kreationen haben sich mit der Zeit herumgesprochen und brachten immer mehr Menschen dazu, die kurvenreiche Anfahrt zum La Madia in Kauf zu nehmen. So konnte dieser Koch, der immer auch ein bisschen Philosoph und Revolutionär geblieben ist, 2004 schließlich seiner Arbeit eine entscheidende Wende geben: Er beschloss, seine Küchenphilosophie bis ins Letzte umzusetzen. Seine eher radikalen Ideen haben heute zu unserem Glück einen großen Kreis von Förderern gefunden. Es sind eher Freunde als Gäste, die nicht einen Augenblick an die vielen Kurven auf dem Weg zum La Madia denken, sondern ausschließlich an den einzigartigen Duft und Geschmack der Fleischgerichte, die einst vergessen waren und heute unvergesslich geworden sind.

Foto: © Alberto Peroli

Fatulì-Käse aus dem Val Saviore

Viele Jahre lang ist die pastorale Viehhaltung eine der Haupteinnahmequellen der Täler um Brescia gewesen. Ziegen und Schafe wurden im Rhythmus der Jahreszeiten aus den Hochtälern in die Ebene und wieder zurück getrieben und sorgten so für weiße Farbtupfer in der Landschaft. Aus der Aufzucht gewann man Wolle (von den Schafen), Fleisch und Milch. Aus der Milch der Bionda dell'Adamello-Ziegen macht man im Val Saviore und im Valcamonica noch heute einen ganz besonderen Käse, den Fatulì. Er ist klein – wie der Name verrät, wenn man den Dialekt spricht – und wird aus der Rohmilch dieser Ziegenrasse hergestellt. Nach dem Melken wird die Milch auf 34–37 °C erhitzt und das Lab dazugegeben. Nach einer Ruhezeit wird die Masse in maiskörnergroße Stücke zerteilt und noch einmal erhitzt. Dann füllt man sie in Formen von etwa zehn Zentimetern Durchmesser und gibt Salz hinzu. Nach dieser Phase wird der Frischkäse über einer Mischung aus Wacholderzweigen und -beeren geräuchert, was ihm eine leichte Rauchnote verleiht und den einzigartigen Geschmack ausmacht. Der Käse muss sechs Monate reifen, bevor er verzehrfertig ist. Heute gibt es noch sechs Käsereien, die Fatulì produzieren, und jede räuchert ihn anders, mal mehr, mal weniger intensiv. Der Fatulì-Förderkreis von Slow Food hat nicht nur diese Käsesorte erhalten, sondern auch entscheidend dazu beigetragen, dass in den Tälern wieder Bionda dell'Adamello-Ziegen leben, eine Rasse, die sonst wohl ausgestorben wäre.

Malfatti di bagoss di alpeggio

Käsegnocchi aus Bagoss

FÜR 10 PERSONEN

800 g Buonenrico (wilder Spinat) oder Spinat
1 ½ kg Bagòss di Bagolino (Hartkäse aus Kuhmilch, Förderkreis Slow Food)
350 g Weizenmehl Type 00 (ersatzweise Type 405)
6 Eier
etwas Gemüsebrühe
Salz
2–3 Stangen Sellerie, in feinen Ringen (nach Belieben)
Zubereitungszeit: 1 Stunde

Den Spinat (möglichst die Wildsorte) waschen, putzen und blanchieren. Dann ausdrücken und fein hacken. Den Käse zerbröckeln, 1,3 kg davon auf eine Arbeitsfläche geben und mit 600 g Spinat, dem Mehl und den Eiern sorgfältig verkneten. Den Teig zu dünnen Stangen rollen, diese in Scheiben schneiden und daraus die bekannten ovalen Gnocchi formen. Mit einer Gabel breit drücken und kurz ruhen lassen. Den restlichen Spinat in eine Pfanne geben und mit etwas Gemüsebrühe bei geringer Temperatur zu einer eher flüssigen Samtsauce verrühren. Die Gnocchi in reichlich Salzwasser kochen und mit einem Schaumlöffel herausheben, sobald sie an die Oberfläche kommen. Die Gnocchi in die Pfanne mit der Spinatsauce geben und den restlichen Käse untermischen. Nach Belieben mit einigen Sellerieringen bestreuen, das verleiht dem Gericht Frische und Aroma sowie eine gewisse Knackigkeit.

Stachì parat

Käse-Sahne-Sauce

FÜR 4 PERSONEN

250 g Zwiebeln
25 g Butter
550 g Formaggella di Malga (Hartkäse aus Brescia)
500 ml Kochsahne
7 Salbeiblätter
Zubereitungszeit: 6 ½ Stunden

Eine typische Spezialität aus dem Valcamonica (im Dialekt bedeutet *stachì parat* geschmolzener Käse), für die man bevorzugt Almkäsesorten aus Rohmilch verwendet, die schmelzen, ohne zu klumpen.
Rechtzeitig die Zwiebeln vorbereiten: Die gehackten Zwiebeln etwa 6 Stunden mit der Butter und wenig Wasser dünsten. Dann den gewürfelten Käse, die Kochsahne und die zerkleinerten Salbeiblätter hinzufügen und bei geringer Temperatur rühren, bis der Käse schmilzt. Die Käse-Sahne-Sauce passt besonders gut zu Polenta.

Risotto ricordo del bosco

Risotto mit Waldaromen

FÜR 4 PERSONEN

320 g Vialone-Nano-Reis (ersatzweise Risottoreis)
200 g Pilze der Saison
80 g Butter
einige Salbeiblätter
1 kleines Bund glatte Petersilie
2 Knoblauchzehen
Salz und frisch gemahlener Pfeffer
Gemüsebrühe
80 g Almkäse (16–18 Monate gereift), grob gerieben
Fichtenessenz
einige Tropfen Latschenkieferöl
Außerdem
1 getrockneter Tannenzapfen
Zubereitungszeit: 50 Minuten

Dieses Gericht soll mit seinen unterschiedlichen Geschmacksnuancen an den Wald erinnern.
Den Reis räuchern. Dazu einen Tannenzapfen in einer Pfanne ein wenig anrösten, ein feines Metallgitter darüberlegen, den Reis darauf ausbreiten und zugedeckt einige Minuten räuchern. So nimmt der Reis den harzigen Geschmack an.
Inzwischen die Pilze putzen, klein schneiden und in wenig Butter mit gehacktem Salbei, Petersilie, Knoblauch, Salz und Pfeffer braten.
In einer Pfanne mit einem 3–4 mm dicken Boden den Reis ohne Zugabe von Fett rösten, und zwar nur so lange, wie man ihn noch mit den Händen umrühren kann. So viel heiße (schwach gesalzene!) Brühe auf einmal dazugießen, dass der Reis bedeckt ist. Ohne zu rühren so lange kochen, bis er die ganze Flüssigkeit aufgenommen hat (der Vialone-Nano-Reis mit seinen unregelmäßigen Körnern wird trotzdem Stär-

ke abgeben, auch wenn in den ersten Minuten nicht umgerührt wird). Die gebratenen Pilze dazugeben und untermischen. Der Reis ist 14–15 Minuten nach dem Rösten gar.
Den Risotto vom Herd nehmen. Die restliche Butter und den Käse untermischen, mit Salz abschmecken und bei Bedarf noch etwas Brühe angießen. Den Risotto auf Tellern anrichten, mit Fichtenessenz besprühen und mit ein wenig Latschenkieferöl beträufeln.

Abbildung auf der vorherigen Seite

Cuz
Schafragout
FÜR 4 PERSONEN

1,6 kg Schaffleisch mit Knochen (am besten vom Vorderteil)
100 g Schaffett
10 Salbeiblätter
20 Wacholderbeeren
5 Gewürznelken
Salz
Zubereitungszeit: 4 Stunden

Vom Metzger das Schaffleisch in Würfel von etwa 80 g schneiden lassen. Den Knochen in drei große Stücke hacken lassen.
Das Schaffett in feine Streifen schneiden und einen Topf mit schwerem Boden damit auslegen. Die Fleischwürfel und Knochen darauf verteilen. Salbeiblätter, Wacholderbeeren, Gewürznelken und Salz dazugeben. Etwas Wasser angießen und das Fleisch bei niedriger Temperatur je nach Alter des Tieres (den Metzger fragen!) 3–4 Stunden schmoren. So wenig wie möglich umrühren, damit die Fleischstücke nicht zerfallen. Kurz vor Ende der Garzeit die Knochen entfernen.
Nach Belieben mit Polenta und etwas geriebenem geräuchertem Ricotta oder Fatuli-Käse aus dem Val Saviore servieren.

Abbildung auf der gegenüberliegenden Seite

Torta di pane
Brottorte
FÜR 4 PERSONEN

400 g altbackenes Brot (am besten mit Bio-Mehl hergestelltes Sauerteigbrot)
250 ml Milch (am besten Rohmilch)
200 ml Sahne
80 g weiche Butter, mehr für die Form
4 Eier
400 g Rohrzucker
4 Birnen
150 g Mandeln aus Noto, Sizilien (ersatzweise andere Mandeln)
2 EL Waldhonig
50 g extrafeiner Zucker
Zubereitungszeit: 1 Stunde plus Einweichzeit

Das Brot grob zerschneiden und in einer großen Schüssel in Milch und Sahne einweichen, bis das Brot die gesamte Flüssigkeit aufgenommen hat. Butter, Eier und Rohrzucker dazugeben. Die Birnen schälen, entkernen, in Stücke schneiden und zusammen mit den gehackten Mandeln und dem Honig zu der Brotmasse und den anderen Zutaten in die Schüssel geben. Alles gut vermengen.
Die Mischung in eine mit Butter gefettete Tortenform geben und mit dem extrafeinen Zucker bestreuen, der während des Backens eine goldbraune Kruste bildet.
Im vorgeheizten Backofen bei 180 °C etwa 45 Minuten backen.

OSTERIA DELLA VILLE
Antipasti €10.00
Trippe €10.00
Lasagna €10.00
Orzotto con verdure €10.00
Gnocchi €10.00
Bollito misto €13.00
Polpette e involtini €13.00
Vitello tonnato €13.00
Selezione di formaggi €10.00
Contorno €5.00
Dolce del giorno €6.00

Osteria della Villetta

Via Marconi 104 – 25036 Palazzolo sull'Oglio (Brescia) – Tel.: 0039-030-7401899

Fotos von **Gianni und Tiziana Baldizzone**
Texte von **Carlo Bogliotti**

Die Osteria della Villetta ist eine echte Institution. Schon das Gebäude, in dem sie untergebracht ist, ist einzigartig. Hinzu kommt, dass sie schon 113 Jahre in Betrieb ist und dass die Gastfreundschaft, mit der Maurizio und Grazia ihre Gäste empfangen, einfach überzeugen. Und allein die Kutteln und Frikadellen sind schon eine Reise wert.

Die Osteria della Villetta in Palazzolo sull'Oglio wurde in dem bekannten Lifestyle-Magazin *Monocle* als einer der zehn charmantesten Orte auf der ganzen Welt genannt. Zehn Orte wohlgemerkt, nicht etwa Restaurants. Und es war das einzige Lokal darunter.

Maurizio Rossi gehört bereits der vierten Generation in diesem Haus an, das sein Urgroßvater gebaut hat. Er spricht von einem „Zauber", der einen empfängt, wenn man die wunderschöne Jugendstilvilla aus dem Jahr 1900 betritt, in der das Restaurant untergebracht ist. Und er hat recht, man muss es selbst erleben: Man meint die ganze Zeit, man würde sich in einem Denkmal, einem Stück Geschichte befinden. Und tatsächlich verbirgt sich hier eine Geschichte, nämlich die der Idee, welche hinter dieser Osteria steht. Ganz egal, ob man das nun als Charme bezeichnen möchte oder nicht. Wichtig ist nur, dass das La Villetta kein Museumsstück geworden ist, das zwischen Schwarz-Weiß-Fotos aus dem vorigen Jahrhundert verblasst. Ganz im Gegenteil, diese Osteria ist lebendiger denn je und sie hat es verdient, auch in den kommenden Jahrhunderten erhalten zu bleiben. Eines hat sie ja schon hinter sich gebracht: 113 Jahre Gastronomie hat sie erlebt und mehr als gut gemeistert.

„Im La Villetta steckt ein Stück italienischer Geschichte", erzählt auch Maurizio. „Die Osteria ist während der Blütezeit des italienischen Eisenbahnbaus entstanden. Hier verlief die Strecke Mailand-Venedig. Die Arbeiter aus der benachbarten Zementfabrik und die Arbeiter, die die Viadukte bauten, kamen immer hierher. Und im Wirtschaftsboom nach dem Zweiten Weltkrieg wurden wir zur klassischen Nachbarschaftsosteria. Abends kam man zum Fernsehen hierher, donnerstags holte man sich Kutteln zum Mitnehmen und freitags Stockfisch. Am Wochenende wurde Boccia gespielt, während unter der Pergola eine kleine Kapelle musizierte." Diese Art von Osteria hat Maurizio als Kind noch kennengelernt und genau so will er das Haus gemeinsam mit seiner Frau Grazia Omodei weiterführen: „Heute ist die Nachbarschaft eben etwas weiter geworden und umfasst die ganze Poebene. Unsere Stammkunden halten hier an, wenn sie auf der A 4 vorbeikommen. Vielleicht sind wir jetzt ein wenig die Osteria an der Autobahn geworden, aber auch das ist ein Zeichen, wie die Zeiten sich ändern: Früher war es die Eisenbahn, heute das Auto." Es gibt viele Freunde des Restaurants, die spontan die Ausfahrt nach Palazzolo nehmen. „Manche rufen uns auch von unterwegs an, ob wir einen Tisch frei haben (zum Beispiel Carlo Petrini, mit dem ich unterwegs war), und sagen dann im Scherz, sie hätten gehört, es gäbe hier in der Nähe eine gute Autobahnraststätte." Nun, das Villetta ist alles andere als das: zwei Gasträume, die wirken, als gehörten sie einer vergangenen Welt an; einer entspricht mehr den Regeln der traditionellen Osteria, mit langen Holztischen und einem Tresen, den anderen, einen weitläufigen Wintergarten, ziert ein wunderschönes Glasfenster im Jugendstil.

Draußen hält sich die alte schmiedeeiserne Pergola tapfer seit Beginn des 20. Jahrhunderts und spendet mit ihrem kräftigen Bewuchs aus Glyzinien im Sommer Schatten. Die Wände des Lokals schmücken Gemälde und Zeichnungen von zahlreichen Künstlern,

MOKASOL

2014
Milano

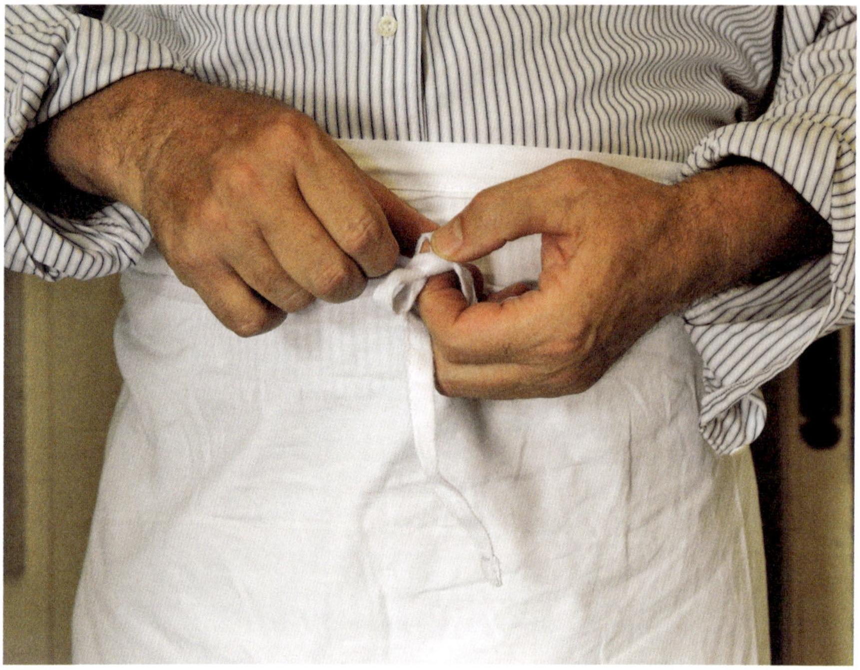

die hier Station gemacht haben. Pistoletto ist hier zu Hause, er hat sogar ein besonderes Eis für das La Villetta kreiert. Es ist ein Creme-Eis aus Halva, einer Sesampaste, und trägt den malerischen Namen „Love difference". Genauso finden sich hier Werke von Rotella, Menghini, Bonalumi, Tadini, Cucchi, Adami und vielen anderen ...
Die Gerichte sind jedoch nicht künstlerisch überambitioniert. Sie verkörpern die bodenständige gastronomische Tradition aus Brescia und tragen so zum Gesamtkunstwerk La Villetta bei: Suppen, *bollito misto* (Eintopf aus verschiedenen Fleischsorten), Frikadellen („unsere Bastion", findet Maurizio), Rinderbacke, Kutteln, Rindfleisch in Öl, Stockfisch in Brühe und – ein immer selteneres Glanzlicht auf Speisekarten – fein geschnittene Nieren mit Knoblauch und Petersilie. Es ist Hausmannskost, wie es sie hier seit jeher gegeben hat – vielleicht in etwas leichteren Varianten, aber dennoch so, dass weder die Erwartungen eines eingefleischten Nostalgikers noch die eines nicht mit den regionalen Spezialitäten vertrauten Gastes enttäuscht werden können. Ein Triumph der Einfachheit und der Qualität der Rohstoffe: Fleisch, Innereien, Käse und die Weine aus dem Franciacorta-Gebiet werden sorgfältig unter dem Besten, was die Saison zu bieten hat, ausgewählt und sind hier in großer Vielfalt präsent.

„Für mich sind die Tradition und die Osteria eine Familienangelegenheit", erklärt Maurizio. „Schon als kleines Kind war die Osteria sozusagen ein Teil von mir, hier bin ich geboren. Und es geht hier auf jeden Fall anders zu als in einem Restaurant: Es gibt keine festen Einteilungen, wer kocht, wer bedient oder als Sommelier die Gäste berät, jeder macht hier von allem etwas. Und es ist ein Ort, an dem man sich in jeder Hinsicht wohl fühlt." Man merkt ihm die Rührung an, als er uns die liebste Erinnerung an sein Leben in der Osteria erzählt: „Ich war sechs oder sieben, die Männer aus dem vorigen Jahrhundert, wie ich sie nannte, hängten ihre schweren Mäntel neben der Tür auf und dann ließen sie mich beim Briscola mitspielen, genau dort drüben in der Ecke." Und es kommt einem vor, als sähe er sie immer noch dort sitzen.

Die Rinderbacke und das La Villetta

„Wir verbrauchen 2 Tonnen Rinderbacken im Jahr", erzählt uns Maurizio Rossi. „Rinderbacke ist eine Grundzutat für unsere Frikadellen, gekocht servieren wir sie mit grüner Sauce, aus der Brühe wird die Sauce für unsere Kutteln gemacht, die wir heute noch in den gleichen Schüsseln wie meine Großmutter servieren, und sie gehört in viele weitere Gerichte hinein." Da wir gerade von der Großmutter sprechen – ihre traditionellen Rezepte hat er etwas „verschlankt": Seine Brühe aus Rinderbacke ist leichter und dezenter im Geschmack, aber genauso köstlich. Die oben genannten Gerichte stehen jeden Tag auf der Karte, dazu Rindfleisch in Öl, Cotechino (nur im Winter) und Gerichte aus Innereien von Leber bis Nieren. Fleisch bildet also einen Hauptpfeiler des Angebots und Rinderbacke ist quasi zum Symbol für die Osteria geworden. Man könnte meinen, dass bei solchen Mengen, ohne Beilieferung aus der „industriellen Produktion" der Betrieb nicht zu bewältigen wäre. Doch als wir Maurizio Rossi nach der Qualität dieser für das La Villetta so wichtigen Produkte fragen, muss er nicht lange überlegen: Rinderbacke und alle anderen Fleischerzeugnisse kommen von Abi Carni, dem Zusammenschluss der Viehzüchter von Brescia mit Sitz in Bagnolo Mella. „Wir arbeiten seit Jahren mit ihnen zusammen und sie garantieren uns eine gleichbleibend hohe Qualität." Abi Carni hat hohe Standards: Es gibt präzise Auflagen, ein Zertifizierungssystem und eine transparente Dokumentation des Produktionsprozesses. Es werden viele Auflagen freiwillig erfüllt, die so vom Gesetzgeber nicht einmal verlangt werden. Zweifellos ein gutes Zeichen, obwohl natürlich das Produkt für den spricht, der es auswählt.

CURIA VESCOVILE DI PIACENZA
DOPO IL DECRETO DEL SANTO UFFIZIO

LUXARDO
BOX
MAROLO
amarena
TOSCHI

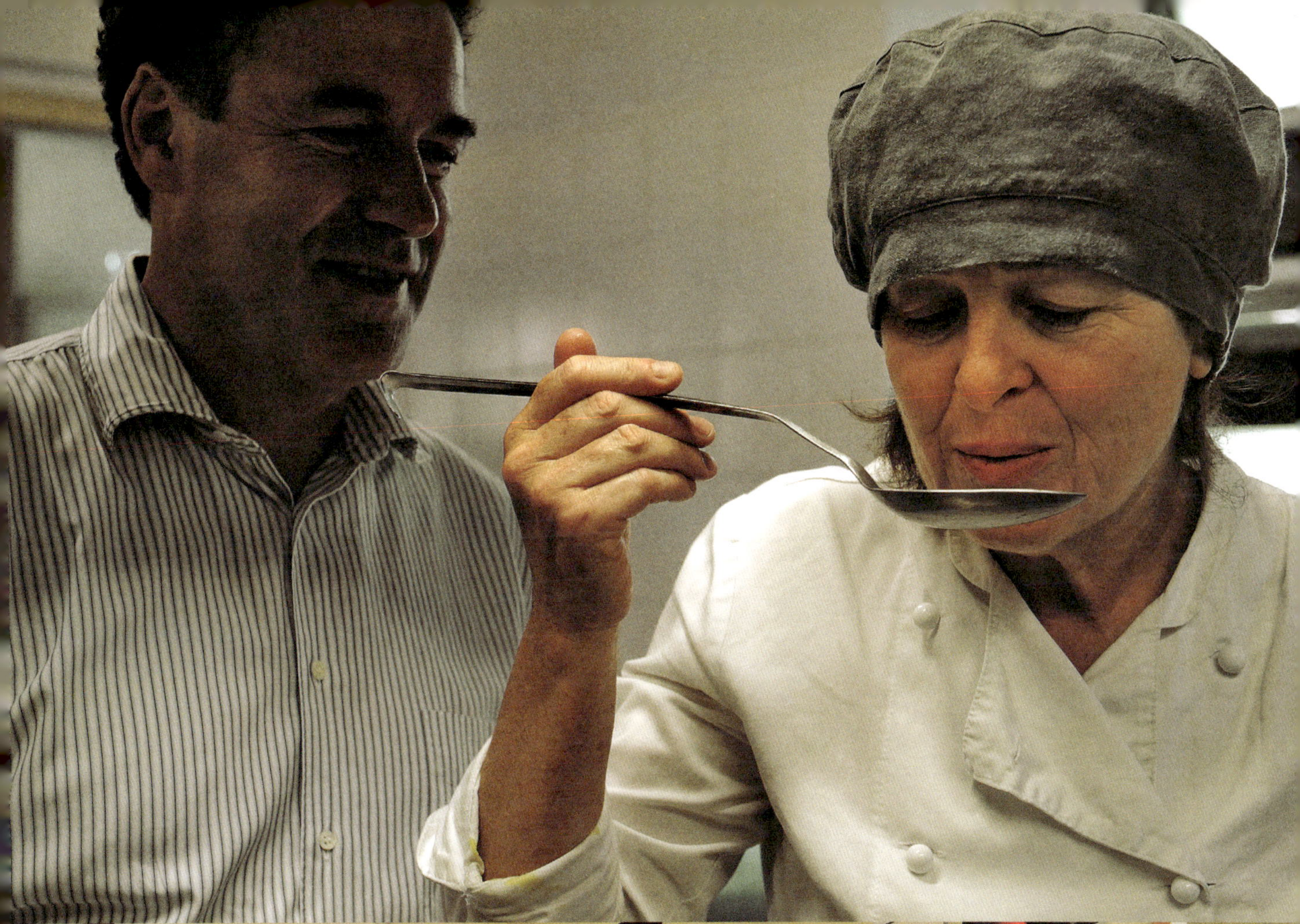

2014
Milano
Antipasti
Bollito misto
Dolce

Trippa in brodo
Kutteleintopf
FÜR 4–6 PERSONEN

1 kg Kalbskutteln (am besten gemischt, z.B. Pansen und Blättermagen)
4 EL Olivenöl extra vergine
1 weiße Zwiebel
1 Knoblauchzehe
5 Kartoffeln
5 Karotten
5 Stangen Sellerie
300 ml passierte Tomaten
Rinderbrühe
Salz und frisch gemahlener Pfeffer
1 große Handvoll geriebener gereifter Grana Padano
Zubereitungszeit: 5 ½ Stunden

Die Kutteln waschen, gut abtropfen lassen und in feine Streifen schneiden. Das Öl in einem großen Schmortopf erhitzen, die gehackte Zwiebel und den gehackten Knoblauch darin anbraten, dann die Kutteln dazugeben und ebenfalls anbraten. Kartoffeln, Karotten und Sellerie in Würfel schneiden und dazugeben, zuletzt die passierten Tomaten hinzufügen.
Die Kutteln bei niedriger Temperatur 4–5 Stunden schmoren, dabei nach und nach etwas Rinderbrühe dazugießen. Erst zum Schluss mit Salz und Pfeffer abschmecken. Die Kutteln mit dem geriebenen Grana Padano bestreut servieren.

Abbildung auf der gegenüberliegenden Seite

Polpette di manzo
Frikadellen aus Rindfleisch
FÜR 4 PERSONEN

300 g Rinderbacke, gekocht
150 g Kochwurst vom Schwein
300 g altbackenes Brot, gerieben
150 g gereifter Grana Padano, gerieben
2 Eier
Rinderbrühe
Salz und frisch gemahlener Pfeffer
Olivenöl extra vergine
1 kleiner Zweig Rosmarin
Zubereitungszeit: 40 Minuten

Die Rinderbacke in kleine Würfel schneiden und in eine Schüssel geben. Die zerkleinerte Kochwurst, etwa die Hälfte des geriebenen Brotes, den Grana Padano, die verquirlten Eier und so viel Brühe hinzufügen, dass ein formbarer Teig entsteht. Mit Salz und Pfeffer würzen. Alles gründlich vermengen, aus der Masse Frikadellen formen und diese im restlichen geriebenen Brot wälzen.
Etwas Olivenöl in einer beschichteten Pfanne zusammen mit dem Rosmarin erhitzen. Die Frikadellen darin einige Minuten von beiden Seiten braten.

Involtini di verza
Wirsingröllchen
FÜR 4–6 PERSONEN

8 Wirsingblätter
300 g Schweinelende
160 g Schweinswürstchen
120 g gereifter Grana Padano, gerieben
200 g altbackenes Brot, gerieben
1 Ei
Salz und frisch gemahlener Pfeffer
frisch geriebene Muskatnuss
Rinderbrühe
1 Zwiebel
50 g Pancetta (magerer Bauchspeck)
Olivenöl extra vergine
Zubereitungszeit: 1 ¼ Stunden

Die im Ganzen belassenen Wirsingblätter einige Minuten in heißes Wasser legen, abtropfen lassen und zum Trocknen auf einem Geschirrtuch ausbreiten.
Für die Füllung die Schweinelende und die Würstchen gar kochen, dann klein würfeln. Mit dem geriebenen Käse, dem geriebenen Brot, dem Ei, Salz, Pfeffer und Muskat in einer Schüssel gut verkneten, dabei so viel Brühe hinzufügen, dass ein formbarer Teig entsteht (die Mischung darf nicht zu trocken sein).
Auf jedes Wirsingblatt einen Teil der Füllung geben und die Blätter zu Röllchen aufrollen.
In einer beschichteten Pfanne die gehackte Zwiebel und den gewürfelten Speck in Olivenöl anbraten, dann die Wirsingröllchen hineingeben und etwa 20 Minuten schmoren, bei Bedarf noch etwas Brühe angießen.

Manzo all'olio
Rindfleisch in Öl
FÜR 6–8 PERSONEN

1 ½ kg Rindfleisch (Schulter oder Bug)
3 große, in Salz eingelegte Sardellen
2 Knoblauchzehen
2 Gläser Olivenöl extra vergine
etwa 1 l Fleischbrühe
3 EL geriebenes altbackenes Brot
1 EL geriebener Parmesan
Salz
1 Handvoll glatte Petersilie
Zubereitungszeit: 3 ½ Stunden

Das Fleisch mit den gewässerten und entgräteten Sardellen, dem Knoblauch und dem Öl (2 EL zurückbehalten) in einen Schmortopf geben. Bei sehr niedriger Temperatur etwa 30 Minuten braten, dann die Fleischbrühe dazugießen (sie soll das Fleisch nicht bedecken). Für weitere 2½ Stunden bei niedriger Temperatur schmoren, dann das geriebene Brot, den Parmesan und etwas Salz hinzufügen und vom Herd nehmen.
Das Fleisch herausheben und den restlichen Inhalt des Topfes pürieren. Das Rindfleisch in etwa 1 cm dicke Scheiben schneiden, mit der Sauce überziehen, mit der gehackten Petersilie bestreuen und mit dem restlichen Olivenöl beträufeln. Dazu nach Belieben Polenta reichen.

Giardiniera
Mariniertes Gemüse
FÜR 4 PERSONEN

4 mittelgroße Zucchini
4 mittelgroße Karotten
4 Stangen Sellerie
15 grüne Bohnen
1 kleiner Kopf Brokkoli
Salz
Pfefferkörner
Gewürznelken
1 Lorbeerzweig
Weißweinessig
Olivenöl extra vergine
Zubereitungszeit: 1 Stunde

Die Gemüse waschen, in etwa 1 cm große Würfel bzw. Stücke schneiden und getrennt in reichlich Salzwasser mit einigen Pfefferkörnern, Gewürznelken und Lorbeerblättern weich kochen. Die Kochzeiten beachten: 3 Minuten für die Zucchini, 6 Minuten für Karotten und Sellerie, 8 Minuten für die grünen Bohnen und 4 Minuten für den Brokkoli.
Die Gemüse abseihen und in Eiswasser abschrecken. Abtropfen lassen, vorsichtig mischen und mit Weißweinessig und Öl würzen. Mit Salz abschmecken.

Gelato Love difference
Eis „Love difference"
FÜR ETWA 2,5 L EIS

1 l Milch
1 l Schlagsahne
20 Eigelb
320 g extrafeiner Zucker
140 g Traubenzucker
250 g Halva (Sesampaste)
Zubereitungszeit: 40 Minuten plus Zeit zum Gefrieren

In einem Topf Milch und Sahne aufkochen. Inzwischen Eigelb, Zucker, Traubenzucker und Halva in einen Metalltopf geben und zu einer homogenen Masse verrühren. Sobald die Milch-Sahne-Mischung kocht, vom Herd nehmen und in den Metalltopf zur Eigelbmasse gießen. Sorgfältig untermischen. Die Masse auf 85 °C erhitzen, dann abkühlen lassen und in der Eismaschine nach Herstellerangaben gefrieren.
Dieses Rezept stammt von dem Maler und Bildhauer Michelangelo Pistoletto, einem Vertreter der „Arte Povera".

Maso Cantanghel
Trattoria
Maso Cantanghel
PRANZO DALLE 12,30 ALLE 14,30
CENA DALLE 20 ALLE 21,30
CHIUSO LA DOMENICA

Maso Cantanghel

Via della Madonnina 33 – 38045 Civezzano, Forte (Trient) – Tel.: 0039-0461-858714

Fotos von **Gianni und Tiziana Baldizzone**
Texte von **Nicola Ferrero**

Im Maso Cantanghel fühlt man sich gleich wie zu Hause: Es sind nur zwei kleine Gasträume, einer kleiner und gemütlicher als der andere. Außerdem muss man zwangsläufig durch die Küche, wo Lucia Gius ihre Gerichte zubereitet. Das ist es, was das diese Osteria so besonders macht, abgesehen von dem großen Kochtalent der Frau, die hier seit 50 Jahren am Herd steht.

„Ich bin übrigens in einer Osteria zur Welt gekommen. Und so hat alles angefangen …", erzählt Lucia Gius, die Seele der Osteria Maso Cantanghel in Civezzano, in der Nähe von Trient. Ein wenig abgelegen ist sie, mitten im Grünen, sozusagen im Schutz der Mauern einer Festung aus dem späten 19. Jahrhundert, das heute als Weinkeller dient. Dieser Ort lässt einen sofort zur Ruhe kommen und schon bevor man die Schwelle überschreitet, fühlt man sich hier zu Hause. Dieser Eindruck wird im Lokal selbst bestätigt: ein kleiner Vorraum, ein Gastraum, einige Stufen, die direkt in die Küche führen, dahinter ein weiterer Gastraum, noch kleiner und gemütlicher als der erste. Dass man direkt durch die Küche muss, gibt einem die Gelegenheit, die Köchin bei der Arbeit zu beobachten, die einen Moment lang den Kopf von den dampfenden Töpfen und ihren Saucen hebt, um die Gäste zu begrüßen.

Wenn jemand dabei auch nur ein bisschen verlegen wirkt, weil er die Chefin nicht bei der Arbeit stören will, sorgt Lucia sofort mit einem Lächeln und einem Willkommensgruß dafür, dass alle sich hier ganz wie zu Hause fühlen und verstärkt damit noch die familiäre Atmosphäre.

„Letztes Jahr habe ich ein Jubiläum gefeiert: 50 Jahre in der Küche. Meinen Eltern gehörte seit 1926 die Locanda Port'Aquila in Trient, wo ich auch geboren bin. Schon als kleines Mädchen habe ich in der Küche geholfen, das habe ich geliebt. Ich kann mich immer noch an meine erste selbst gebackene Torte mit *fregoloti* (Sauerkirschen) erinnern, da war ich acht. Und noch besser ist mir das Gespräch mit meiner Mutter nach der Abschlussprüfung der Mittelschule in Erinnerung geblieben. Das war am 12. Juni 1962. Meine Mutter hat mich gefragt: ‚Willst du wirklich nicht weiter zur Schule gehen?' Ehrlich gesagt hatte ich schon mal daran gedacht, weiterzulernen. Aber man muss seine Wahl treffen. Und an dem Tag habe ich mir die Küchenschürze umgebunden und sie im Prinzip nie wieder ausgezogen."

Die Arbeit an der Seite ihrer Mutter war für Lucia sozusagen ihre Ausbildung. Noch heute kann man im Maso Cantanghel die Früchte all der langen Jahre in der Küche erleben, die zunächst in der Locanda Port'Aquila, dann im Parol reiften, das sie 1972 mit ihrem Mann Pietro in Mesiano, einem Stadtteil von Trient, eröffnete.

„Am Anfang habe ich meine Mutter immer gefragt: ‚Bringst du mir bitte bei, wie man dieses Gericht kocht?', und sie hat mir immer die gleiche Antwort gegeben: ‚Nein! Da hast du das Buch!' Es war ein Kochbuch der Adligen Turco Lazzeri aus der Jahrhundertwende. ‚Lies das und koch danach und dann korrigiere ich dich.' Und so habe ich sehr viel gelernt: durch Fehler, Varianten und Verfeinerungen."

Nach fast zehn Jahren verließen Lucia und ihr Mann Mesiano und kauften den Hof, um den es hier geht. Ein Jahr lang versuchten sie sich dort als Bauern. Der Versuch scheiterte und sie eröffneten 1981 den Agriturismo Maso Cantanghel, der 1984 eine Trattoria wurde.

Der nächste Einschnitt erfolgte 1995. Die Ehe zerbrach, Lucias Mann verließ sie. Lucia blieb zurück, am Boden zerstört. „Seit ich angefangen habe zu kochen, habe ich immer mit jemandem zusammengear-

beitet: zuerst mit meiner Mutter, dann mit meinem Mann, der auch Koch war. Und jetzt war ich plötzlich allein, voller Zweifel und Ängste. Nur ein Beispiel: Ich hatte nie die Gäste begrüßt. Das war immer seine Aufgabe gewesen. Ich erinnere mich noch genau an diesen 13. Februar. Ich hatte alles in der Küche vorbereitet und mir zitterten die Knie, weil ich jetzt wirklich ganz auf mich allein gestellt war. Doch dann habe ich mir gesagt: ‚Wenn mich die Leute so nehmen, wie ich bin, gut. Wenn nicht, dann eben nicht.' An dem Tag sind 13 Gäste gekommen und alles lief wunderbar und ich weiß noch genau, dass ich gedacht habe: ‚Am 13. Februar sind 13 Gäste gekommen, also besser kann es nicht laufen …' Ich musste erst 45 Jahre alt werden, um zu begreifen, dass ich wirklich kochen kann. Von da an habe ich wieder auf die alten Rezepte meiner Mutter aus der Locanda Port'Aquila zurückgegriffen."

Aus den Zeiten des Parol ist allerdings auch etwas geblieben: ein festes Tagesmenü. Fünf Gänge, darunter vielleicht Kräutergnocchi, Löwenzahn mit Spargel aus Zambana, Ferkel mit Äpfeln und Polenta, Kartoffeln und Pilze mit Malga-Käse, Knödel, Kalbsrücken und das unverzichtbare Haselnusseis, begleitet von einem Schälchen Petit fours. Das Tagesmenü ändert sich quasi täglich, je nachdem, was es an Zutaten gibt und wonach der Köchin der Sinn steht.

Seit 15 Jahren ist Manuel Tamiani an ihrer Seite. Er kümmert sich um den Service und er scheint wirklich dafür geschaffen zu sein, dass sich die Gäste wie zu Hause fühlen.

„Ich bereue nichts. Einige Gerichte kann ich eben nicht mehr kochen, aber ich habe trotzdem meinen Spaß. Man darf sich nicht zu sehr an die Vergangenheit klammern. Wenn aber dann ein Gast sagt, ihm habe es so gut geschmeckt wie bei seiner Großmutter, oder es sei hier wie im Port'Aquila, dann fühle ich mich, als hätte ich gerade sieben Michelinsterne verliehen bekommen."

Agri Natura

Das Fleisch im Maso Cantanghel stammt aus der 2007 gegründeten Firma Agri Natura, die sich der Aufzucht und Schlachtung von Vieh verschrieben hat. Luca Bampi und Massimiliano Ferrari haben sich gemeinsam selbstständig gemacht mit dem Ziel, hochwertiges Fleisch zu erzeugen und zu vermarkten. Agri Natura hat den Aqa-Zertifizierungsprozess zur Rückverfolgbarkeit der Produktion durchlaufen, der den europäischen Normen entspricht. Die fünf wichtigsten Grundregeln für ihre Kälber sind:

- Sie müssen im Trentino geboren sein.
- Sie müssen dort auch aufgezogen werden.
- Sie dürfen nicht älter als 35 Tage sein, wenn sie in die Zuchtbetriebe von Agri Natura kommen.
- Sie wurden und werden nicht mit Corticosteroiden behandelt.
- Sie werden nur mit gentechnisch nicht veränderten Futtermitteln aufgezogen.

Agri Natura hat drei Zuchtbetriebe (in Comano Terme, Roverè della Luna und Piani di Castione di Brentonico) und bringt pro Monat etwa 25 Kälber auf den Markt.

Und der Markt reagiert äußerst positiv: Die Anzahl der Metzger, die sich bei Agri Natura eindecken, ist dank der hohen Qualitätsstandards und der Transparenz in den letzten Jahren immer weiter gestiegen. Die nächste Herausforderung für das Unternehmen wird die Eröffnung eines Geschäfts für Großhandelskunden sein. Sie möchten so eine direkte Verbindung mit den für ihre Philosophie empfänglichen Gastronomen knüpfen und somit die Handelskette verkürzen. Luca Bampi erklärt es uns folgendermaßen: „Wir können nicht mit den Zahlen der Großbetriebe konkurrieren, aber in Bezug auf die Qualität sehr wohl. Deshalb haben wir beschlossen, ganz auf diesen Aspekt zu setzen, auf Umweltverträglichkeit, auf Zertifizierung und Transparenz. Und allmählich gibt der Markt uns recht."

FELIX THE CAT

Stufato di manzo
Rinderschmorbraten
FÜR 4 PERSONEN

1 kg Rinderbacke
Zwiebeln, Karotten und Sellerie (insgesamt 500 g)
Butter
Salz
einige Lorbeerblätter
trockener Weißwein
Zubereitungszeit: 2 ½ Stunden

Das Fleisch waschen und abtrocknen. In einem großen Schmortopf die grob gehackten Zwiebeln in Butter anbraten, dann die Rinderbacke darin rundum schön bräunen. Salzen, die in grobe Stücke geschnittenen Karotten, den Sellerie sowie einige Lorbeerblätter hinzufügen und mit einem Schuss Weißwein begießen. Das Ganze 30 Minuten schmoren, dann so viel Weißwein dazugeben, dass das Fleisch zur Hälfte bedeckt ist. Zugedeckt bei mäßiger Temperatur 2 Stunden weiterschmoren.
Das Fleisch und den Lorbeer herausholen, den restlichen Topfinhalt pürieren. Die geschmorte Rinderbacke mit der Sauce servieren und nach Belieben Polenta und in Wasser, Weißwein und Zwiebeln geschmorten Wirsing dazu reichen.

Gnocchi verdi
Kräuternocken
FÜR 4–6 PERSONEN

4 altbackene Spaccatine (siehe Text)
100 g gemischte Kräuter (z.B. Minze, Melisse, Selleriegrün, glatte Petersilie, Schnittlauch, wilder Fenchel)
300 g Mangold oder Spinat
750 ml Milch
500 g altbackenes Brot, gerieben
5 Eier
Salz
Weizenmehl nach Bedarf
200 g Butter
200 g gereifter Malga (Bergkäse aus dem Trentino), gerieben
Zubereitungszeit: 1 Stunde plus Einweichzeit

Am Vorabend die grob zerkleinerten Spaccatine (das sind Sauerteigbrötchen aus Weizenmehl, die oben tief eingeschnitten sind) in Wasser einweichen. Am nächsten Tag die Kräuter und den Mangold oder Spinat mit etwas Milch pürieren. In einer Schüssel das geriebene Brot, die verquirlten Eier, die ausgedrückten Spaccatine, Salz, das Kräuter-Mangold-Püree (ein wenig davon für die Sauce zurückbehalten) und die restliche Milch gründlich vermengen. Der Mischung, wenn nötig, Weizenmehl hinzufügen, dann mit einem Löffel Nocken formen und diese sofort in kochendes Salzwasser geben. Wenn die Nocken an die Oberfläche kommen, weitere 5 Minuten kochen lassen. Dann mit einem Schaumlöffel herausheben.
Für die Sauce die Butter zerlassen. Das zurückbehaltene Kräuter-Mangold-Püree und etwas Wasser hinzufügen und bei geringer Temperatur kurz köcheln lassen. Mit Salz abschmecken. Die Nocken mit der Sauce anrichten und mit dem geriebenen Käse bestreuen.

Abbildung auf der gegenüberliegenden Seite

Maialino alle mele con polenta
Spanferkelrücken mit Äpfeln und Polenta
FÜR 4 PERSONEN

1 kg Spanferkelrücken
Butter
1 Zwiebel
Salz
1 Glas trockener Weißwein
1 Apfel (Renette)
1 kleiner Zweig Rosmarin
300 g Frühlingszwiebeln
1 kg Maisgrieß
2 Knollen Sellerie
1 kleines Bund glatte Petersilie
Zucker
Zubereitungszeit: 2 Stunden

Das Fleisch waschen und abtrocknen. Ein walnussgroßes Stück Butter in einer Pfanne zerlassen und die Hälfte der fein gehackten Zwiebel darin anschwitzen. Das Fleisch mit der Schwarte nach unten hineingeben und kräftig anbraten. Dann wenden, salzen und den Wein darüberträufeln. Die restliche Zwiebel, den

in grobe Stücke zerteilten geschälten und entkernten Apfel, den Rosmarinzweig und die in Ringe geschnittenen Frühlingszwiebeln (eine Frühlingszwiebel für den Sellerie zurückbehalten) dazugeben. Zugedeckt etwa 1 ½ Stunden bei 220 °C im Backofen braten.

Inzwischen die Polenta zubereiten: Dazu 3 l Wasser in einem Kupfertopf zum Kochen bringen, den Maisgrieß und 1 EL Salz einrühren und 45–50 Minuten kochen.

Für die Sauce den Sellerie schälen, in Stifte schneiden und mit der zurückbehaltenen fein gehackten Frühlingszwiebel in einem walnussgroßen Stück Butter anbraten. Salzen und etwa 20 Minuten sanft garen, dann die mit 100 ml Wasser pürierte Petersilie dazugeben. Zugedeckt weitere 20 Minuten köcheln lassen, danach die Sauce durch ein Sieb passieren.

Das Fleisch mit Polenta, der Sauce und einem Hauch Zucker servieren.

Strudel

Apfelstrudel

FÜR 6–8 PERSONEN

Für den Teig
200 g Weizenmehl
1 Eigelb
3 EL Olivenöl extra vergine
1 Prise Salz
Für die Füllung
4 Äpfel (Renette)
50 g Pinienkerne
50 g Rosinen, in Wasser eingeweicht
abgeriebene Schale von 1 Bio-Zitrone
3 EL extrafeiner Zucker
1 Prise Zimt
Außerdem
Butter
Puderzucker
Zubereitungszeit: 1 ¼ Stunden

Für den Teig Mehl, Eigelb, Öl, Salz und so viel Wasser gründlich und ausdauernd verkneten, dass der Teig weich wird und sich ziehen lässt. Dann 30 Minuten ruhen lassen.

Inzwischen die Äpfel schälen, entkernen und in dünne Scheiben schneiden. Mit den Pinienkernen, den ausgedrückten Rosinen, der Zitronenschale, Zucker und Zimt vermischen.

Den Teig auf einer Arbeitsfläche möglichst dünn ausziehen und auf ein Geschirrtuch legen. Butterflöckchen und die Apfelfüllung darauf verteilen. Mithilfe des Tuchs aufrollen und den Strudel auf einem mit Butter gefetteten Blech im vorgeheizten Backofen bei 200 °C etwa 40 Minuten backen. Nach der Hälfte der Backzeit den Strudel mit der Flüssigkeit bestreichen, die sich im Blech sammelt.

Den goldbraun gebackenen Strudel mit etwas Puderzucker bestauben und heiß servieren.

Smorum

Apfelschmarren

FÜR 6–8 PERSONEN

8 Äpfel (neue Ernte!)
Butter
1 Glas trockener Weißwein
150 g extrafeiner Zucker
4 Eier
200 g Weizenmehl
100 ml Milch
1 Prise Salz
Puderzucker
Zubereitungszeit: 40 Minuten

Die Äpfel schälen, vierteln und entkernen. In einem kleinen Topf ein walnussgroßes Stück Butter zerlassen und die Äpfel dazugeben. Einige Minuten braten, mit dem Weißwein beträufeln und 100 g Zucker darüberstreuen. Zugedeckt 30 Minuten garen lassen. Danach pürieren.

Die Eier trennen. In einer Schüssel das Eigelb mit dem restlichen Zucker vermischen und nach und nach das Mehl, die Milch und das Salz dazugeben. Das Eiweiß steif schlagen und vorsichtig unterheben.

In einer Pfanne etwas Butter zerlassen; sobald die Pfanne sehr heiß ist, den Teig hineingeben und braten, bis er auf der Unterseite goldbraun und oben gestockt ist. Vom Herd nehmen, den Teig mit zwei Gabeln zerteilen und den warmen Schmarren mit Puderzucker bestauben.

Dazu das Apfelpüree servieren.

Touring Club Italiano
Premio
Buona Cucina
2012
La Ragnatela
CAI
TUTELA
DELL'AMBIENTE
MONTANO
150 CASI:
Eccellenze e Criticità
della Montagna Italiana
i CASI del Veneto
Campolongo di Lavoro
giustizia sociale | legalità | beni comuni
Bocuse d'Or

La Ragnatela

Via Caltana 79 – 30035 Mirano, Scaltenigo (Venedig) – Tel.: 0039-041-436050

Fotos von **Gianni und Tiziana Baldizzone**
Texte von **Nicola Ferrero**

La Ragnatela ist ein wahr gewordener Traum, der konkrete Beweis für die Macht der Willenskraft. 1984 als Kooperative entstanden, verfolgt sie unbeirrt ihren Weg. Sie entstand aus einer Mischung aus Eigeninitiative, Augenmerk auf die besten Produktionsbedingungen und einfach großer Kochkunst.

Manche Orte oder Menschen haben einfach den Status eines Symbols. Sie sind kein Statussymbol, also etwas, das den erworbenen gesellschaftlichen Status desjenigen bezeugt, der es vorweist, sondern etwas grundsätzlich anderes. Sie sind die Verkörperung einer Idee oder eines Traums. Ein Vorbild für jemanden, der sich entschlossen hat, einen ähnlichen Weg einzuschlagen. Das lebende Beispiel, dass jener Weg, so unwegsam und unmöglich er auch erscheint, doch gangbar ist. Und dass sich Aufrichtigkeit und die ständige, kompromisslose Suche nach dem Besten letzten Endes auszahlen.

Die Osteria La Ragnatela in Scaltenigo, einem Ortsteil von Mirano, in der unmittelbaren Umgebung von Venedig, ist solch ein Symbol. Das Lokal und die Kooperative, die es führt, wurden beide am 15. August 1984 aus der Taufe gehoben. Die 15 Gründungsmitglieder haben vorher alle in einer Fabrik gearbeitet – hier in der Gegend sitzen petrochemische Betriebe und das Unternehmen Miralanza, das Seifen und Waschmittel herstellt. Angefangen hat alles mit dem Wunsch, etwas anderes zu machen, nicht mehr Arbeiter zu sein, freier über die eigene Zeit verfügen und die eigene Arbeit mitgestalten zu können. Die meisten Gründungsmitglieder sind Frauen. Aus Sympathie nennt sich die Kooperative deshalb nach einer Gruppe von Frauen, die damals gegen die Aufstellung von Cruise-Missiles in Comiso (Ragusa) kämpfte: La Ragnatela.
Samuele Beccaro, Koch und seit zehn Jahren Mitglied der Kooperative, erzählt: „Einige waren leidenschaftlicher dabei als andere, aber keiner von ihnen hatte wirklich Ahnung vom Fach. Sie waren so eine Art ‚Armata Brancaleone', eine zusammengewürfelte Truppe, die von dem Wunsch beseelt war, etwas zu tun, und die außerdem von einem ungeheuren Lernwillen angetrieben wurde. Sie haben sich selbst zu Wirten und Gastronomen gemacht und was sie geleistet haben, ist meiner Meinung nach einzigartig."
Die Professionalisierung erfolgte in einem zweiten Schritt durch Kurse, Praktika, Degustationen und den Kontakt zu Slow Food und seinen Förderkreisen. Anfangs kochte man hauptsächlich mittags für die Arbeiter Menüs zu niedrigen Preisen und abends für ein paar Neugierige aus dem Ort. Dieser demokratische Gedanke hat sich erhalten (Mittagsmenü für die Arbeiter 11 Euro), aber die Speisekarte wurde mit raffinierteren Gerichten, Themenmenüs und gastronomischen Angeboten, die über die Spezialitäten der Region hinausgehen, ergänzt und bereichert.
Trotz dieser durchaus notwendigen Veränderungen ist der grundsätzliche Ansatz noch immer derselbe wie zur Zeit der Gründung: Man wird im Speisesaal kaum eine andere Zeitung finden als die linksorientierte *Il Manifesto*.
Jedes Mal, wenn sich die Tür zur Küche öffnet, sieht man dort die Fotos von Marx und Lenin an der Wand. Geblieben sind auch das soziale Engagement (so geht zum Beispiel von jedem *saor* aus Aubergine, Kürbis und Sardinen, der bestellt wird, ein Euro an die medizinische Hilfsorganisation Emergency) sowie die geradezu besessene Konzentration auf die Rohstoffe und ihre Erzeuger. Diese sind „vor allem Freunde, das heißt der Obst- und Gemüsehändler und der Metzger sind aus dem Ort, unser Fischlie-

Slow Food

aiutaci a
una cosa
Gianluca

ferant wohnt 200 Meter von hier und hat seinen Betrieb in der Nähe von Chioggia. Wir haben also zu allen eine direkte, enge Beziehung. Das bedeutet natürlich auch, dass wir Ware – zum Beispiel ein Stück Fleisch oder eine Steige Gemüse –, die uns nicht gefällt, dem Lieferanten gleich wieder auf den Lastwagen laden und zurückschicken können. Dazu lassen wir ihm in unserem so wunderbar farbigen Dialekt ausrichten, er möge sie sich an Orte stecken, die unschwer zu erraten sind. Aber zum Glück kommt das kaum einmal vor", erzählt Beccaro belustigt. Die Mitglieder der Kooperative La Ragnatela setzen sich wirklich in lobenswerter Weise und sehr erfolgreich für regionale Produkte ein: Sie gehörten zu den Ersten, die sich für die beinahe ausgestorbene Hühnerrasse Gallina padovana begeisterten. Sie unterstützen sie und werben für kleine Erzeuger aus der Region und für Bioprodukte. Außerdem sind sie stolze Vorkämpfer der Philosophie, dass nur Produkte der Saison auf den Tisch kommen sollten.

Ein Essen im La Ragnatela ist immer ein Vergnügen für Leib und Seele: Das Stockfischpüree, das Tris vom *saor*, die *bigoi mori*, die *moeche fritte* (frittierte Strandkrabben) mit weißer Polenta, die Zaletti (Maiskekse) mit Vanillecreme sind Köstlichkeiten, die unvergesslich bleiben, wenn man sie einmal gekostet hat. La Ragnatela stellt die besten regionalen Produkte ständig in den Vordergrund, sodass sie zu einer Art „Schaufenster" für die kleinen Erzeuger geworden ist. Diese wissen, dass sie hier die Früchte ihrer Arbeit vorstellen können, was noch ein zusätzlicher Pluspunkt dieser legendären Osteria ist.

Zum Abschied gibt uns Samuele noch lächelnd einen Satz auf den Weg: „Wir sind hier. Nach 30 Jahren gibt es uns immer noch." Zum Glück, denken wir.

Gallina padovana

Ein langer Backenbart, ein Büschel aus langen, spitz zulaufenden Federn, die sich auf dem Kopf zu einer Krone öffnen und bis über die Augen fallen. Das Federkleid schwarz, weiß, goldbraun, rehbraun oder silbrig. Über die Herkunft der Hühner streitet man sich immer noch, aber die folgende Theorie gilt als am wahrscheinlichsten: Im 14. Jahrhundert soll der Marchese Giacomo Dondi dall'Orologio, ein Arzt und Astronom aus Padua, einige der Tiere von einer Reise aus Polen mitgebracht haben, damit sie den Garten seiner Villa zierten. Anfang des 20. Jahrhunderts gab es noch ein paar Tausend dieser Hühner, aber in den 1960er Jahren waren sie praktisch verschwunden. Die Fachhochschule für Landwirtschaft Duca degli Abruzzi in Padua bewahrte die Rasse vor dem Aussterben.

Die Haut der Hühner ist dünn, ihr Fleisch ist dunkelrot (nicht so hell, wie es der Verbraucher vom Huhn gewöhnt ist) und es ähnelt eher dem eines Fasans oder Perlhuhns. Die traditionellste Zubereitungsart erinnert an das französische Gericht *poularde en vessie*: Das Huhn wird in einer Schweinsblase gegart und mit Sauce Suprême und Reispilaw serviert.

Für diese Hühnerrasse wurde vor Jahren eigens die Vereinigung Pro Avibus Nostris gegründet, in der sich acht Züchter zusammenschlossen. Anfangs waren diese Hühner nur ein Hobby, aber im Jahr 2000 entstand ein Slow-Food-Förderkreis und so langsam gibt es für die Galline padovane eine gewisse, wenn auch geringe, Nachfrage. Man findet sie auf den Speisekarten der Restaurants in der Stadt, in den Geflügelläden und Feinkostgeschäften. Strenge Zuchtbestimmungen sehen Freilandhaltung, Naturfutter auf der Basis von Getreide (vor allem Mais) sowie jeglichen Verzicht auf Genfutter oder Silofutter vor. Ein eingetragenes Siegel garantiert, dass es sich um eine Gallina padovana des Förderkreises handelt: Jedes Tier trägt einen Ring mit der Nummer des Zuchtbetriebs und wird im Schlachtbetrieb mit einem Etikett versehen, das es als solches kennzeichnet.

USCITA DI
EMERGENZA

Sarde in saor

Mit Zwiebeln marinierte Sardinen

FÜR 4 PERSONEN

1 kg Sardinen
Weizenmehl
Olivenöl
Salz
Für den Saor
1 kg weiße Zwiebeln (möglichst aus Chioggia)
1 Glas trockener Weißwein
1 Glas Weißweinessig
frisch gemahlener Pfeffer
Zubereitungszeit: 1 ¼ Stunden plus Zeit zum Durchziehen

Zuerst den Saor zubereiten. Dazu die Zwiebeln in dünne Scheiben schneiden und in einer Pfanne in heißem Öl bei niedriger Temperatur goldbraun anbraten. Den Wein, den Essig, Salz und Pfeffer dazugeben und kochen, bis die Flüssigkeit verdampft ist.
Die Sardinen putzen, Kopf, Innereien und Flossen entfernen. Die Fische waschen, trocken tupfen und in Mehl wälzen. In siedendem Öl ausbacken und herausheben, bevor sie knusprig sind. Auf Küchenpapier abtropfen lassen und salzen.
Eine Schicht Sardinen in einer feuerfesten Glasform auslegen und mit etwas Zwiebelmasse bedecken; darüber wieder Sardinen geben und erneut Zwiebeln darüber verteilen. Auf diese Weise weiter verfahren, bis alle Zutaten verarbeitet sind.
Vor dem Servieren mindestens 2 Tage an einem kühlen Platz ruhen lassen.
Mit diesen Zwiebeln kann man auch Makrelen, Sardellen, Aale oder Gründlinge einlegen.

Abbildung auf der gegenüberliegenden Seite

Bigoli mori in salsa

Vollkornspaghetti mit Sardellensauce

FÜR 6 PERSONEN

300 g in Salz eingelegte Sardellen
3 Zwiebeln
1 Glas Olivenöl extra vergine
3 EL Brühe (nach Belieben)
Salz und frisch gemahlener Pfeffer
500 g Vollkornspaghetti (*bigoli*)
Zubereitungszeit: 45 Minuten

Die Fische für dieses Gericht sind keine Sardinen wie im Rezept zuvor, sondern Sardellen, die im Dialekt des Veneto *sardele* oder *sardon* heißen.
Für die Sardellensauce die Sardellen putzen, entgräten und fein zerkleinern. Die Zwiebeln in feine Scheiben schneiden und im Öl glasig braten (nach Belieben etwas Wasser oder Brühe dazugeben). Die Sardellen hinzufügen und bei niedriger Temperatur mindestens 30 Minuten braten, bis sich die Zwiebeln mit den inzwischen aufgelösten Sardellen zu einer Sauce verbunden haben. Mit Salz und Pfeffer abschmecken.
Die Spaghetti in kochendem Wasser (wenig Salz) bissfest kochen, abseihen und mit der Sardellensauce mischen.
Nach Belieben der Sardellensauce gekochtes Fleisch, Bohnen und/oder Gartenkresse hinzufügen.

Baccalà mantecato

Stockfischpüree

FÜR 4 PERSONEN

500 g getrockneter Kabeljau (Stockfisch)
grobes Salz
2 Knoblauchzehen
Olivenöl extra vergine
Salz und frisch gemahlener schwarzer Pfeffer
Zubereitungszeit: 1 Stunde plus 2–3 Tage Einweichzeit

Den getrockneten Fisch (im Veneto nennt man ihn *baccalà*) mit einem Hammer kräftig auf einem Holzklotz weich klopfen und für 2–3 Tage in reichlich Wasser einweichen.
In ein Sieb geben, abtropfen lassen, Haut und Gräten entfernen. Die größeren Stücke zerteilen, alles in einen

Topf geben, mit kaltem Wasser bedecken und grobes Salz dazugeben. Zum Kochen bringen, vom Herd nehmen und etwa 20 Minuten ziehen lassen.
Den Fisch abseihen, mit dem gehackten Knoblauch in eine Schüssel geben und mit einem Schneebesen schlagen, dabei gleichmäßig Öl auf die Stelle träufeln, wo man mit dem Schneebesen arbeitet. Wenn man den Stockfisch noch warm und kräftig aufschlägt, „montiert" er zu einer Art luftiger Mousse. Mit einem Hauch Pfeffer und eventuell etwas Salz abschmecken.
In der jüdischen Küche Venedigs wird dieses Stockfischpüree in vielen Osterie auch mit Öl und Milch (oder Sahne) zubereitet.

Terrina di fegatelli e fichi

Hühnerleber-Feigen-Terrine

FÜR 4 PERSONEN

600 g Hühnerleber
1 l Brandy
7 getrocknete Feigen
2 l Vin Santo
200 g Butter
Salz und frisch gemahlener Pfeffer
100 g fetter Speck
Zubereitungszeit: 1 ½ Stunden plus Einweichzeit

Die Hühnerlebern säubern, waschen und für 12 Stunden im Brandy einlegen, dann abseihen. Die getrockneten Feigen in 1 ½ l Vin Santo 10–15 Minuten kochen.
Die Butter in einer Pfanne zerlassen und die Hühnerlebern bei niedriger Temperatur 15–20 Minuten braten. Sie sollen innen noch rosa sein. Mit der Hälfte des Bratensafts pürieren, den restlichen Vin Santo dazugeben, mit Salz und Pfeffer würzen und alles durch ein Sieb streichen. Die abgeseihten Feigen dazugeben und die Mischung in eine mit Speckstreifen ausgelegte Form geben. Für 5–6 Stunden in den Kühlschrank stellen.
Die Terrine aus der Form stürzen, in Scheiben schneiden und nach Belieben mit warmer Brioche servieren.

Zaletti

Maiskekse

ERGIBT ETWA 60 STÜCK

300 g feines Maismehl
300 g Weizenmehl Type 00 (ersatzweise Type 405)
16 g Trockenhefe
6 Eigelb
200 g extrafeiner Zucker
300 g weiche Butter
100 g Rosinen, in Wasser eingeweicht
1 Prise Salz
Zubereitungszeit: 40 Minuten

Die beiden Mehlsorten mit der Trockenhefe mischen. Das Eigelb mit dem Zucker schaumig schlagen und die weiche Butter unterrühren. Die ausgedrückten Rosinen, das Salz und die Mehl-Hefe-Mischung dazugeben. Alles gründlich vermengen.
Aus dem Teig kleine, dicke Stangen formen (wie für Gnocchi) und in Scheiben schneiden. Diese auf ein mit Backpapier belegtes Blech legen und im vorgeheizten Backofen bei 190 °C in etwa 15 Minuten goldbraun backen.

Abbildung auf der gegenüberliegenden Seite

Devetak

Via Brezici 22 – 34070 Savogna d'Isonzo (Sovodnje ob Soči; Gorizia) – Tel.: 0039-0481-882488

Fotos von **Gianni und Tiziana Baldizzone**
Texte von **Grazia Novellini**

Die Locanda Devetak ist eine Osteria, oder besser gesagt eine gostilna, *im Grenzgebiet. Mit einer Geschichte, die ebenso turbulent ist wie die der Region: Kriege, Landnahmen, Flucht und Rückkehr und endlich Frieden. Nach vielen Veränderungen ist die Locanda Devetak heute ein Juwel der Gastronomie und der Gastfreundschaft.*

Das Dorf San Michele del Carso (auf Slowenisch Mihael na Krasu), das sich am Fuß der gleichnamigen Hochebene ausbreitet, auf der blutige Schlachten geschlagen wurden, wurde im Ersten Weltkrieg vollkommen zerstört und verlassen. Auch die *gostilna*, die die Familie Devetak dort von 1870 bis 1915 mit einem angeschlossenen Lebensmittellädchen und dem Schusterladen des Familienoberhauptes Ivan – bekannt unter seinem Beinamen Čuotevi, den er an seine Nachfahren weitergegeben hat – betrieb, war nur noch ein Haufen Trümmer.

Der Urenkel und heutige Besitzer Avguštin, genannt Uštili, erzählt von der Pionierzeit des Lokals: „Damals muss es ein eher bescheidener Treffpunkt gewesen sein, an dem die Leute aus dem Ort und Fremde einkehrten, vor allem Reisende auf der Eisenbahnstrecke Udine-Triest. Es waren Arbeiter, die den Bahnhof in Rubbia bauten, Fischer auf dem Weg zur Adriaküste und nach Gorizia und auch einige Pendler, als die Werften in Monfalcone aufmachten. Mein Urgroßvater Ivan ist in Österreich gestorben, wohin er mit seiner Frau Marìca und den Kindern vor den Bombardierungen geflohen war. Sein Sohn Avguštin, mein Großvater und Namensvetter, kehrte zurück, nachdem er in der Kaiserlichen Marine gedient hatte, und baute mithilfe des ganzen Dorfes die *gostilna* wieder auf, von der nur die Grundmauern stehengeblieben waren."
Der Neuaufbau, der den Flüchtlingen bei ihrer Rückkehr bevorstand, betraf nicht nur Häuser und Wirtschaftsgebäude. Das riesige Habsburgerreich, dem sie und ihre Vorfahren immer getreue und alles in allem auch glückliche Untertanen gewesen waren, gab es nicht mehr und nachdem das italienische Königreich das Hinterland von Gorizia annektiert hatte, wurde San Michele del Carso verschiedenen Grenzgemeinden angegliedert (heute gehört es zu Savogna d'Isonzo/Sovodnje ob Soči). Die letzten liberalen Regierungen in Rom erhielten dem ehemals österreichischen Küstenstreifen, in dem die Bevölkerung hauptsächlich aus Slowenen bestand, die von Wien anerkannte Autonomie. Doch ab 1922 wehte ein ganz anderer Wind. Kaum war Mussolini an der Macht, unterdrückte er die proslawische Provinz Gorizia und begann eine gewaltsame Italianisierung. Diese führte hier wie in der gesamten Region von Julisch Venetien bis Dalmatien zu Spannungen zwischen den Volksgruppen, die während des Zweiten Weltkriegs und danach in Massakern und der Vertreibung der italienischen Bevölkerung gipfelten.
Doch zurück ins Jahr 1918. Die Flüchtlinge, die nach San Michele zurückkehrten, waren Slowenen wie eben die Devetaks. Ihr Leben war hart. Avguštin und seine Frau Teresa waren Bauern und Wirtsleute zugleich, sie hatten elf Kinder, von denen nur sieben das Erwachsenenalter erlebten. Avguštin war der geborene Wirt, denn er war ein jovialer Mensch und unterhielt die Gäste gerne mit dem Spiel seines Akkordeons. 1941 wurde er jedoch einberufen und später nach Deutschland deportiert, wo er kurz vor Kriegsende in einem Arbeitslager nahe der polnischen Grenze starb.
Nun musste sein Bruder Renato, der Vater von Uštili, die *gostilna* übernehmen. Der jetzige Besitzer erinnert sich: „Er hat Stein für Stein eine der Karsthöhlen

ausgehauen, bis er den heutigen Weinkeller geschaffen hatte. Und durch die Kochkunst meiner Mutter Michela, die jeder Helka nannte, wurde das gastronomische Angebot entschieden aufgewertet: Jetzt wurde hier nicht mehr nur Wein ausgeschenkt und dazu Schinken serviert, jetzt kamen warme Speisen auf den Tisch wie *jota* (Bohnensuppe), *šelinka* (siehe Rezepte), Kutteln, Gulasch, Brathähnchen, Stockfisch und *patate in tecia* (Kartoffeln in der Pfanne). An diesem fortschreitenden Wandel hatte auch ich meinen Anteil, da ich mehrmals die Ausrichtung unseres Lokals verändert habe."

Nachdem Uštili 1979 der Versuchung nachgegeben hatte, aus dem Restaurant eine Kneipe zu machen, änderte er später, unterstützt von seiner Frau Gabriella und seiner Schwester Nerina, erneut seine Meinung. Er beschloss, es als großes Restaurant mit typischer Trattoriaküche wieder zu eröffnen, wobei aber eine klassische Osteria im alten Stil mit angegliedert blieb.

„1994 kam eine weitere Neuerung und wir eröffneten endlich unseren steinernen Weinkeller. 2007 bauten wir dann den alten Stall zu einer *locanda* mit acht Zimmern um."

Diese eindeutigen Verbesserungen sind Gabriella zu verdanken. Als sie 1982 – damals sprach sie nur Italienisch und galt als „foresta", als Fremde (schließlich kommt sie aus Brescia) – Uštili heiratete, war sie völlig unerfahren im Kochen. Ihre Schwiegermutter Helka nahm sie allerdings nicht nur unglaublich freundlich in die Familie auf. Sie war auch bereit, ihr ihr Wissen weiterzugeben. Unter ihrer Führung lernte Gabriella in wenigen Monaten Slowenisch sowie die Zubereitung von *šelinka* und Gulasch. Im Lauf der Jahre überarbeitete sie vorsichtig die traditionellen Gerichte, nahm beispielsweise weniger Fett, garte bei Niedrigtemperatur und hielt sich durch den Besuch von Kochkursen und anderer Restaurants auf dem Laufenden. Heute hat die Trattoria einen ausgezeichneten Ruf und die Nachfolge ist durch Gabriellas und Uštilis vier Töchter – Sara, Tatjana, Tjaša und Mihaela – gesichert. Schon heute sind sie in der Leitung des Unternehmens für verschiedene Aufgabengebiete verantwortlich. Vielleicht wird es noch mehr Veränderungen geben, aber eines ist sicher: Die traditionelle Verbindung der Familie Devetak-Čuotevi zu ihrem Vorfahren Ivan – einem Mann vom Karst slowenischer Muttersprache, einst Untertan des guten alten Kaisers Franz Joseph, Schuster und Wirt – wird nie abreißen.

Der Hüter der Schafe und Lämmer vom Karst

„Wenn die Gäste gehen, sollen sie ein Stück vom Karst mitnehmen", sagt Uštili Devetak oft und gern. Und getreu diesem Motto war er der erste Wirt, der Wein aus den heimatlichen Vitovska-Trauben ausschenkte. Noch heute gibt er in seinem riesigen Keller den lokalen Weinen aus autochthonen Rebsorten besonders viel Raum. „Null Kilometer"-Produkte, also absolut regional, sind auch der Käse und die Wurst, die in der *gostilna* serviert werden. Und auch Honig, Gemüse und Obst, die Vater Renato anbaut und aus denen Tochter Sara Konserven und Säfte macht. Das Lammfleisch kommt von einer der wenigen Tierrassen, die man hier in dieser kargen Karstlandschaft züchten kann. Andrej Štoka, Lieferant für Milchlämmer und Schafskäse, 36 Jahre alt, ist Eigentümer des Betriebs Pirc-Antonič aus Ceroglie/Cerovlje bei Triest. Er ist einer der wenigen Schäfer, die auf der Hochebene noch Wanderweidewirtschaft betreiben: Zweimal im Jahr treibt er seine Herde zwischen seinem Heimatort und Sagrado/Zagraj im Karstgebiet um Gorizia umher, wo die Schafe im Weinbaubetrieb Castelvecchio überwintern. Andrej, früher Metzger, hat das Schäferhandwerk von seinem Schwiegervater Pepi Antonič gelernt. „Er war ein besonderer Mann, hatte tausend Talente und Antworten. Von ihm habe ich nicht nur den Bauernhof geerbt, sondern auch die Liebe zu den wunderbaren Tieren. Und genau wie er nenne ich mich lieber Schafhüter als Viehzüchter." 60 Tiere der 200 Kopf starken Herde sind Karstschafe (bekannter unter dem Namen Istrische Schafe, unter dem sie im Verzeichnis der traditionellen Produkte der Region Friaul-Julisch Venetien stehen). Sie gehören einer aussterbenden Art an, deren Überleben von der Heimatliebe von Hirten wie Štoka und Gastronomen wie den Devetaks abhängt.

Electrolux

Vasetto estivo

Sommertöpfchen

FÜR 12 PERSONEN

Für das Gurkeneis
1 kg Gurken
400 g Zucker
Saft von ½ Zitrone
1 l Schlagsahne
1 EL Stabilisator für Eiscreme (oder Johannisbrotmehl)
Für die Selleriecreme
1 Stange Sellerie mit Grün
2 Kartoffeln, weich gegart
Salz
Gemüsebrühe
Für den Schaum
500 ml Milch
500 ml Sojasahne
5 Blätter Frauenminze
Zum Servieren
Getreideflocken
frisch gemahlener Pfeffer
Zubereitungszeit: 1 Stunde plus Zeit zum Gefrieren

Für das Gurkeneis die geschälten und zerkleinerten Gurken mit dem Zucker und dem Zitronensaft aufkochen, dann fein pürieren und abkühlen lassen. Den Gurkensaft (es sollten etwa 700 ml sein) mit 300 ml Wasser, der Sahne und dem Stabilisator verrühren. Die Mischung in eine Eismaschine füllen und nach Herstellerangaben gefrieren lassen.

Für die Selleriecreme den grob zerkleinerten Sellerie und die geschälten, weich gegarten Kartoffeln mit wenig Salz und so viel Gemüsebrühe pürieren, dass eine feine Creme entsteht.

Für den Schaum Milch und Sojasahne mit der fein gehackten Frauenminze vermischen und in einen Siphon füllen.

In zwölf kleine Gläser (Dessertgläser oder auch Einmachgläser) je 2 EL Selleriecreme füllen, darauf je zwei Kugeln Eis und den Schaum verteilen. Mit gehackten Getreideflocken garnieren und mit einem Hauch Pfeffer bestreuen.

Abbildung auf der gegenüberliegenden Seite

Supeta con i mlinci

Hühnchenragout mit im Ofen gerösteten Nudeln

FÜR 6 PERSONEN

Für den Nudelteig
500 g Weizenmehl Type 00 (ersatzweise Type 405)
5 Eier
1 Bund Gewürzkräuter, fein gehackt
5 EL Olivenöl extra vergine
Salz
Für das Hühnchenragout
1 küchenfertiges Freilandhuhn
½ Glas Olivenöl extra vergine
3 große Zwiebeln
3 Kartoffeln
1 Glas trockener Weißwein
Salz
1 Bund Majoran
2 EL Tomatenpaste
frisch gemahlener Pfeffer
Außerdem
Butter, Olivenöl extra vergine
Zubereitungszeit: 3 ½ Stunden

Für das Hühnchenragout zunächst das Huhn vierteln und in einem Schmortopf im heißen Öl anbraten. Die gehackten Zwiebeln und die geschälten, gewürfelten Kartoffeln hinzufügen und ebenfalls kurz anbraten. Mit dem Wein begießen. Salz, den Majoran (einige Blätter zum Garnieren zurückbehalten) und die Tomatenpaste dazugeben. Das Fleisch mit Wasser bedecken und etwa 3 Stunden köcheln lassen, dann die Sauce mit Salz und Pfeffer abschmecken.

Auf einem Backbrett die Zutaten für die Nudeln zu einem festen Teig verarbeiten. Zu einer dünnen Teigplatte ausziehen, auf ein mit Mehl bestaubtes Backblech legen und 10 Minuten bei 200 °C im Ofen trocknen lassen.

Die geröstete Teigplatte in unregelmäßige Stücke brechen und diese *mlinci* („mlinzi" ausgesprochen) 5 Minuten in Salzwasser kochen. Anschließend in zerlassener Butter schwenken.

Das gegarte Fleisch aus dem Topf heben, entbeinen und in kleine Stücke schneiden. Die Sauce pürieren.

Zunächst die Sauce, dann die in Butter geschwenkten *mlinci* und zuletzt das Hühnchenfleisch in eine Suppenschüssel geben. Mit Olivenöl beträufeln und mit etwas Majoran bestreuen.

Coppa di maialino con purè di mele e cappucci alla senape

Kammbraten vom Jungschwein mit Apfelmus und Senfkohl

FÜR 4 PERSONEN

etwa 800 g Kammbraten vom Jungschwein mit Schwarte
1 Glas trockener Weißwein
1 Zweig Rosmarin
einige Fenchelblüten
Salz
einige Pfefferkörner
4 Äpfel
1 Schnapsglas Wacholderschnaps (brinjevec)
½ Kohlkopf (Weißkohl oder Wirsing)
Olivenöl extra vergine
10 g Senfkörner
Zubereitungszeit: 7 ½ Stunden

Den Kammbraten in einen kochfesten Vakuum-Folienbeutel geben und mit dem Wein begießen. Den Rosmarin, die Fenchelblüten, Salz und einige Pfefferkörner hinzufügen. Den Beutel gut verschließen und das Fleisch 6 Stunden in einem Konvektomaten bei 67 °C garen.
Für das Apfelmus die Äpfel schälen, entkernen und in Spalten schneiden. In einen Topf geben, etwas Wasser hinzufügen und bei geringer Temperatur köcheln lassen, bis die Äpfel zu einem Mus zerfallen. Das Apfelmus mit dem Wacholderschnaps aromatisieren.
Den Kohl in sehr feine Streifen schneiden. In einer Pfanne etwas Olivenöl erhitzen, den Kohl und die Senfkörner hinzufügen und darin anbraten. Mit Salz abschmecken.
Wenn das Fleisch gar ist, für eine weitere Stunde im Konvektomaten bei 140 °C regenerieren.
Das Fleisch in dicke Scheiben schneiden, mit etwas einreduziertem Bratensaft beträufeln und mit dem Kohl und dem Apfelmus servieren.

Abbildung auf der gegenüberliegenden Seite

Šelinka

Kartoffel-Sellerie-Eintopf

FÜR 10 PERSONEN

150 g getrocknete Borlotti-Bohnen
¼ Schinkenknochen
1 kg Kartoffeln
250 g Sellerieblätter
2 scharfe Chilischoten
1 kleines Stück Rinde von Grana Padano
Salz
Zubereitungszeit: 6 ¾ Stunden plus Einweichzeit für die Bohnen

Die Bohnen mit Wasser bedecken und mindestens 8 Stunden einweichen. Dann abseihen.
Den Knochen in Stücke sägen und, um den „kräftigen" Geschmack des Schinkens zu mindern, mindestens 30 Minuten in Wasser kochen.
Inzwischen die Kartoffeln schälen und würfeln. Die Sellerieblätter waschen und grob hacken.
Die Zutaten in dieser Reihenfolge in einen großen Topf schichten: erst die Kartoffeln, dann die Sellerieblätter, darauf die Bohnen und schließlich die restlichen Zutaten zusammen mit den abgetropften Schinkenknochenstücken. Bei niedriger Temperatur (am besten auf einem mit Holz befeuerten Herd) 6 Stunden garen ohne umzurühren.
Nach Ende der Garzeit den Eintopf mit Salz abschmecken und nach Geschmack die Kartoffelwürfel grob zerdrücken. Nach Belieben mit Stücken weißer Polenta servieren.

LOCANDA
AMERIGO
1934

Amerigo dal 1934

Via Marconi 14/16 – 40060 Savigno (Bologna) – Tel.: 0039-051-6708326

Fotos von **Gianni und Tiziana Baldizzone**
Texte von **Grazia Novellini**

Das Amerigo dal 1934 ist gleichzeitig Osteria, Sternelokal und Laden, der die besten Sugos, Konserven und in Öl eingelegte Gemüse herstellt. Es ist ein Gastronomiebetrieb, der in Italien seinesgleichen sucht, in dem Qualität, Tradition und Innovation sich optimal ergänzen.

Das Tal des Samoggia, einem linksseitigen Nebenfluss des Reno, ist eine abgeschiedene Gegend. Im Grunde bildet es eine Verbindung zwischen den Gegenden um Bologna und Modena, allerdings gibt es keinen direkten Zugang zum Panaro-Becken. Man kommt nur von Zocca oder von Castello di Serravalle dorthin und man muss auch über die Berge, um den Anfang der Porrettana-Bahnlinie zu erreichen, die den Apennin bei Pistoia an die Poebene anschließt.

Folgt man dem Verlauf des Flusses, kommt man, kaum dass man die städtische Umgebung von Bologna hinter sich gelassen hat, in eine noch bäuerliche Hügellandschaft. Ab und zu ein paar Häuser, zahlreiche Obstgärten, Wiesen und Kornfelder prägen die Landschaft. Oh ja, wir befinden uns im Reich der Pasta!
Unser Ziel heißt Savigno, ein Dorf mit 2700 Einwohnern, dessen Häuser sich um eine typische Piazza der Emilia scharen. An der Hauptstraße stoßen wir an der Ecke auf ein kleines Gässchen. Man sieht schon das an dekorativen Eisenornamenten aufgehängte Schild und stolpert direkt in den Außenbereich der Osteria. Ein Großteil der sehr gut erhaltenen Inneneinrichtung stammt noch aus dem Jahr 1934. Die Tür links führt in die alte Osteria mit ihrem Tresen und den unterschiedlich großen Tischen. Im Stockwerk darüber befindet sich ein weiterer Speisesaal mit Fresken des Bühnenmalers Gino Pellegrini. Durch die rechte Tür gelangt man unten in den Laden, der ausschließlich Produkte aus der direkten Umgebung führt. Diese werden auch in der Küche der Osteria verwendet oder in der hauseigenen kulinarischen Werkstatt noch verfeinert. Alberto Bettini, ein Enkel des Gründers Amerigo, ist Herr über dieses kleine Reich und wird dabei von seiner Lebensgefährtin Marina und einem perfekt eingespielten Team in Küche und Service unterstützt. Alberto, der mit 20 Jahren eigentlich Architekt werden wollte – das Talent dazu hatte er, wie die Einrichtung der Trattoria und der nahen *locanda* beweist – , hat in der Modebranche gearbeitet. Dabei kam er in der Welt herum und hat auf seinen Reisen verschiedene Landesküchen kennengelernt. Nach seiner Rückkehr nach Hause beschloss er, seiner Heimat die Welt der Aromen und Gerüche nahezubringen. Seit mindestens 15 Jahren pilgern Gäste aus allen fünf Kontinenten hierher nach Savigno, angezogen von einem Sternelokal, das ganz sicher nicht mehr die Osteria aus dem Jahr 1934 ist, aber doch deren Grundsätze bewahrt hat: Erzeugnisse und Gerichte aus der Region und eine klug gewählte, ausgewogene Mischung aus Tradition und Innovation, Schlichtheit und Raffinesse. Als Großvater Amerigo 1974 starb, hatte der Betrieb längst sein Gesicht verändert: Aus dem Lädchen mit Weinausschank und kleinem Imbiss aus der Gründerzeit ist eine richtige Trattoria geworden. Sonntags kommen die Leute aus dem Tal und aus Bologna und genießen die Forellen, für die das Amerigo bekannt ist.
Doch die entscheidende Wende brachte das Jahr 1987. Die Töchter Giuliana und Marisa, die die Trattoria gemeinsam mit ihren Männern Nino und Antonio damals führten, wollten nicht mehr weitermachen und überlegten, das Lokal zu schließen. Da mel-

E61

dete sich – wenn auch mit vielen Zweifeln – Alberto zu Wort: „Ich habe geglaubt, Gastronomie wäre nichts für mich. Nach dem Studienabschluss und dem Militärdienst hatte ich für ein Modeunternehmen gearbeitet, für meine Tätigkeit musste ich viel reisen, auch ins Ausland. Ich war eigentlich glücklich mit diesem Leben und sah keinen Grund, etwas zu verändern." Aber dann griff das Schicksal ein: „Meine damalige Freundin war nicht allzu glücklich in ihrem Beruf als Friseurin, ihre Schwester war Köchin. Und so beschlossen wir drei, es zu wagen. Und es ging alles gut."

Natürlich war dabei bestimmt von Vorteil, dass Alberto im Lauf der Jahre sehr viel Erfahrung in der Gastronomie gesammelt hatte, allerdings nicht in der Küche, sondern als Gast. Mit zwei sinnesfreudigen Kameraden hatte er während des Militärdienstes sämtliche in den Gourmetführern aufgeführte Restaurants im Friaul besucht und diese Gewohnheit dann bei seinen Dienstreisen fortgesetzt. „Als ich nach Savigno zurückkam, kannte ich viele der besten Restaurants in ganz Europa." Aus dieser Erfahrung wie auch aus Sommelierkursen und den Kontakten zu der aufkeimenden Slow-Food-Bewegung holte sich Bettini Junior seine Inspirationen und sorgte für neuen Wind in der Trattoria: Er wechselte die Lieferanten, denn Qualität war für ihn stets das höchste Gut. Er grub alte Rezepte aus und interpretierte sie neu, brachte Küche und Service auf internationales Niveau. Dreh- und Angelpunkt aber blieb das Terroir.

In Anknüpfung an die Vergangenheit entstand 1996 „La Dispensa di Amerigo" (Amerigos Vorratskammer), eine kulinarische Werkstatt, die heute von Albertos Brüdern Luigi und Angelo geführt wird. Hierfür kauften sie den 1959 veräußerten Laden zurück, der an die Trattoria anschließt, und erwarben ein schönes Gebäude, das renoviert und als Gästehaus mit fünf Zimmern ausgebaut wurde. Auch bei den Menschen wird auf Kontinuität gesetzt: Mamma Giuliana und Tante Marisa – beide sind inzwischen fast achtzig – wechseln sich noch heute mit zwei Nudelköchinnen bei der Herstellung der hausgemachten Pasta ab. Und auch im restlichen Küchenteam gibt es einige, die schon seit Jahren dabei sind. Alle Mitarbeiter wurden überwiegend in der direkten Umgebung rekrutiert und entsprechen damit genau wie die Rohstoffe der Philosophie „Null Kilometer". Um es mit Albertos Worten zu sagen: „Ich habe nie geglaubt, dass man große Küchenchefs holen muss, ich ziehe Leute aus dem Ort vor." Also wird in der Küche heimischer Dialekt gesprochen, an den Tischen im Gastraum dagegen oft Englisch, Deutsch oder Japanisch. Eine geglückte Synthese der Formel „glocal".

CORA

Foto: © Marcello Marengo

Das Weiße Romagnola-Rind

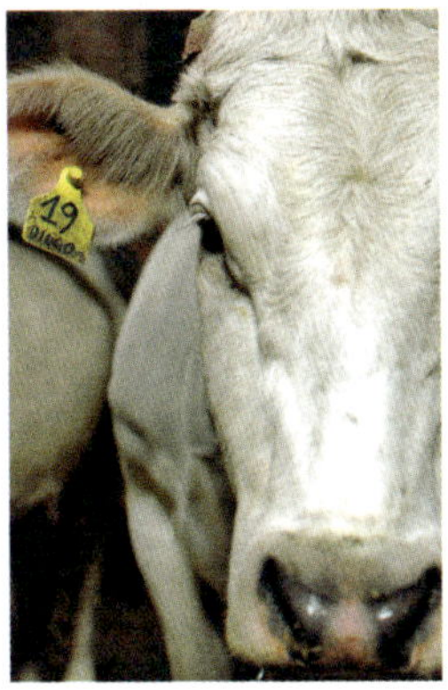

Wenn man sich am späten Vormittag oder frühen Nachmittag auf der Piazza niederlässt, kann man der „Prozession" der Lieferanten beiwohnen, die natürlich allesamt aus der Umgebung kommen. Das biologisch angebaute Gemüse stammt zum größten Teil aus einer Kooperative von jungen Leuten. Das Fleisch, besonders das Schweinefleisch wie auch Würste stammen vom Mora-Romagnola-Schwein. Es kommt von kleinen regionalen Prdouzenten, unterstützt durch den Slow-Food-Förderkreis – der älteste darunter ist ein rüstiger Mann von 95 Jahren –, die auch Lämmer, Zicklein, Geflügel und Kaninchen züchten. Auch Käse, in der Saison Wild, Pilze und Trüffel (im Tal gibt es sogar reichlich weiße Trüffel) werden frisch angeliefert. Und natürlich Süßwasserfisch: Der Alpensaibling aus dem Parco Corno alle Scale ist ein weiteres Förderkreis-Produkt. Die Warenübergabe ist nur die letzte Phase des Kontakts zu den Lieferanten, den Alberto Bettini hingebungsvoll pflegt. Er besucht ihre Betriebe, begutachtet ihre Erzeugnisse und tauscht sich mit ihnen aus. In Zocca, in den Ställen von Tomaso Piccioli, kommt das Gespräch oft auf das Weiße Romagnola-Rind, eine autochthone Rinderrasse (Slow-Food-Förderkreis), die wegen der großen Konkurrenz der Frisona-Rinder vom Aussterben bedroht ist. Dank eines Förderprojekts der Provinz Modena, die gemeinsam mit der Region Emilia-Romagna den Förderkreis unterstützt, hat man einen ersten entscheidenden Erfolg erzielt: Zwei Käsereien im Apennin produzieren ganze Parmesanräder ausschließlich mit der Milch dieser weißen Rinder. Doch Bettini ist der Meinung, man sollte sie auch als Fleischrinder züchten, weil das Fleisch „schmackhaft, kräftig und perfekt für unsere regionalen Gerichte wie Fleischsauce, Kochfleisch, Brühe und Roastbeef geeignet ist". Wer es noch nicht gekostet hat, dem wird diese Aussage gewagt erscheinen. Doch aus dem Bauchlappen oder Kronfleisch, dem Zwerchfell des Rinds, bereitet man im Amerigo ein ausgezeichnetes Tatar zu. Piccioli, der eine Zucht von etwa 30 Rindern hat, zieht die Kälber mit der Muttermilch auf und lässt die Tiere frühestens nach 3 Jahren schlachten.

Tortellini in brodo
Tortellini in Brühe
FÜR 12 PERSONEN

Für den Nudelteig
800 g Weizenmehl Type 00 (ersatzweise Type 405)
8 Eier
Für die Füllung
500 g mageres Schweinefleisch ohne Knochen
250 g Mortadella
200 g roher Schinken
1 Ei
80 g Parmesan (24 Monate gereift)
Salz
frisch geriebene Muskatnuss
Für die Brühe
1,2 kg Rindfleisch (Brustspitze oder Nachbrust, d.h. der hintere Teil der Brust)
¼ Hähnchen (oder Kapaun)
1 EL grobes Salz
1 Karotte
1 Stange Sellerie
1 kleine Zwiebel
1 Tomate
einige Pfefferkörner
Zubereitungszeit: 5 Stunden

Zuerst die Brühe zubereiten. Dazu die Fleischsorten mit dem groben Salz in reichlich kaltem Wasser aufsetzen und langsam bei niedriger Temperatur zum Kochen bringen. Die Brühe ab und zu abschäumen. Dann das gewürfelte Gemüse, die geschälte und eingeschnittene Zwiebel, die eingeritzte Tomate und einige Pfefferkörner dazugeben. Bei niedrigster Temperatur etwa 5 Stunden köcheln lassen. Bei Bedarf nachsalzen und die Brühe durch ein feines Sieb abgießen.
Für den Nudelteig das Mehl auf ein Backbrett häufen, in die Mitte eine Mulde drücken und die Eier hineingeben. Alles zu einem glatten Teig verkneten und in Frischhaltefolie gewickelt 1 Stunde ruhen lassen.
Inzwischen für die Füllung das Schweinefleisch in etwa 1½ cm dicke Scheiben schneiden und in einer beschichteten Pfanne ohne Fett kurz braten, sodass es innen noch rosa ist. Abkühlen lassen und mit der Mortadella und dem Schinken durch einen Fleischwolf drehen. Die anderen Zutaten hinzufügen und gründlich zu einer homogenen Masse vermengen. Erneut durch den Fleischwolf drehen, damit die Füllung noch feiner und gleichmäßiger wird.
Den Teig mit einer Teigrolle dünn ausrollen und in etwa 2,5 cm große Quadrate schneiden. Etwas Füllung in die Mitte eines jeden Quadrats geben, dieses zu einem Dreieck falten, dann die beiden unteren Enden zusammenführen und zusammendrücken.
Die Tortellini in der kochenden Fleischbrühe garen. Sobald sie an die Oberfläche kommen, noch 1 Minute warten und dann mit der Brühe servieren.

Abbildung auf der gegenüberliegenden Seite

Gnocchi allo scorzone
Gnocchi mit schwarzen Trüffeln
FÜR 6 PERSONEN

Für den Teig
1 kg gelbfleischige Kartoffeln
3 kg grobes Salz
300 g Weizenmehl Type 00 (ersatzweise Type 405)
100 g Parmesan (24 Monate gereift)
1 Ei plus 1 Eigelb
Für die Sauce
90 g schwarze Trüffel
120 g Parmesan
50 g Butter
Zubereitungszeit: 2 Stunden plus Ruhezeit

Zuerst für die Sauce die Trüffel sehr fein hacken, mit dem geriebenen Parmesan vermischen und in einem luftdicht verschlossenen Gefäß für mindestens 24 Stunden in den Kühlschrank stellen.
Für den Teig die Kartoffeln im Salz garen. Dazu eine Ofenform mit einer Schicht grobem Salz ausstreuen, die Kartoffeln darauf verteilen und mit dem restlichen Salz bedecken. Für 1 Stunde in den auf 200 °C vorgeheizten Ofen stellen. Dann die Schale abziehen und die Kartoffeln durch eine Kartoffelpresse drücken.
Das Mehl mit der Kartoffelmasse, dem Parmesan, dem ganzen Ei und dem Eigelb zügig verkneten. Rollen von 2,5 cm Durchmesser daraus formen und in 3–4 cm dicke Scheiben schneiden. Mit einer Gabel Rillen einpressen. In reichlich Salzwasser kochen und sofort herausheben, sobald sie an die Oberfläche kommen. Abtropfen lassen.
Die Butter zerlassen. Die Trüffel-Parmesan-Mischung und 3 EL vom Gnocchi-Kochwasser dazugeben. Die abgetropften Gnocchi darin wenden.

Capocollo di mora con tortino di cipollotto

Nackenbraten vom Mora-Romagnola-Schwein mit Frühlingszwiebeltörtchen

FÜR 6 PERSONEN

1 ½ kg Nacken vom Mora-Romagnola-Schwein (ersatzweise ein anderer Schweinenacken)
Olivenöl extra vergine
200 ml trockener Weißwein
400 ml Gemüsebrühe
Kräutersalz
etwas Parmesan
Für die Beize
2 Knoblauchzehen
1 Rosmarinzweig
einige Lorbeer- und Salbeiblätter
Salz und frisch gemahlener Pfeffer
Für die Leber
250 g Schweineleber (nach Möglichkeit auch vom Mora-Romagnola-Schwein)
einige Lorbeerblätter
Für die Frühlingszwiebeltörtchen
18 mittelgroße Frühlingszwiebeln
20 g Butter
50 ml kräftiger Weinessig
15 g Rohrzucker
35 g Rosinen, in wenig warmem Wasser eingeweicht
35 g Pinienkerne
35 g Parmesan (24 Monate gereift)
Zubereitungszeit: 8 ½ Stunden plus Zubereitungszeit für die Beize

Am Vortag für die Beize alle Zutaten hacken, salzen, pfeffern und das Nackenstück darin wälzen. Zugedeckt über Nacht in den Kühlschrank stellen.
Am nächsten Tag das Fleisch aufrollen und mit Küchengarn fixieren. In eine Ofenform geben, mit etwa 50 ml Olivenöl gut einreiben und im vorgeheizten Backofen bei 180 °C braten. Nach etwa 20 Minuten wenden, Wein und Brühe angießen. Die Form mit Alufolie bedecken und gut verschließen. Bei 100 °C etwa 8 Stunden weitergaren, bis das Fleisch eine Kerntemperatur von 75 °C erreicht hat. Den Bratenfond abseihen und filtern; beiseitestellen.
Den Braten abkühlen lassen, das Küchengarn entfernen, das Fleisch entrollen und in 5 cm große Würfel schneiden. Diese goldbraun grillen.
Aus den Reststücken vom Fleisch Fleischtörtchen zubereiten. Dazu das Fleisch hacken, mit Kräutersalz und etwas Olivenöl vermischen. Die Masse in sechs Förmchen geben und mit etwas geriebenem Parmesan bestreuen. Beiseitestellen.
Die in Scheiben geschnittene Leber jeweils mit einem Lorbeerblatt spicken und von beiden Seiten kurz auf dem Grill anbraten.
Für die Frühlingszwiebeltörtchen die Frühlingszwiebeln in dünne Scheiben schneiden, waschen und gut abtropfen lassen. Die Butter zerlassen und die Frühlingszwiebeln mit etwas Salz goldbraun braten, bis die Flüssigkeit verdampft ist. Mit dem Essig besprengen und mit dem Rohrzucker sautieren.
Für die Frühlingszwiebeltörtchen in weitere sechs Förmchen je eine Schicht Frühlingszwiebeln, 2–3 ausgedrückte Rosinen, 2–3 Pinienkerne und darüber die Hälfte des geriebenen Parmesans geben. Leicht andrücken, den Vorgang wiederholen. Die Frühlingszwiebeltörtchen im vorgeheizten Backofen bei 180 °C zusammen mit den Fleischtörtchen 5 Minuten überbacken.
Die Fleisch- und Frühlingszwiebeltörtchen, die gegrillten Fleischwürfel und die Leberscheiben auf Tellern anrichten. Nach Belieben das Fleisch mit dem Bratensaft beträufeln.

Gelato di crema d'altri tempi

Sahneeis wie aus der guten alten Zeit

ERGIBT ETWA 2,5 L EIS (FÜR ETWA 25 PERSONEN)

22 Eigelb
440 g extrafeiner Zucker
1 l frische Sahne aus der Käserei
750 ml Vollmilch
Zubereitungszeit: 20 Minuten plus Ruhezeit und Zeit zum Gefrieren

Das Eigelb mit der Hälfte des Zuckers schaumig schlagen. Die Sahne und die Milch mit dem restlichen Zucker aufkochen. Etwas abkühlen lassen. Vorsichtig von Hand mit der Eigelb-Zucker-Mischung verrühren. Im Schockfroster oder im Kühlschrank auf 3 °C herunterkühlen. Die Masse mindestens 1 Stunde ruhen lassen, dann in der Eismaschine nach Herstellerangaben gefrieren.

locanda
al
gambero
rosso
5
PREMIATE
TRATTORIE
ITALIANE

Al Gambero Rosso

Via Verdi 5 – 47021 Bagno di Romagna, San Piero in Bagno (Forlì-Cesena) –
Tel.: 0039-0543-903405

Fotos von **Gianni und Tiziana Baldizzone**
Texte von **Eugenio Signoroni**

Im Apennin zwischen Toskana und Romagna gibt es eine legendäre Osteria, Al Gambero Rosso, das seit 20 Jahren von Giuliana und ihrem Ehemann Moreno geführt wird. Durch die Konzentration auf das Wesentliche und die ursprünglichen, streng traditionellen Gerichte haben sie inzwischen allerhöchstes Niveau erreicht und maßgeblich zur Wiederentdeckung beinahe vergessener Käsesorten, Wildkräuter und Rezepte beigetragen.

Leidenschaft und Mut: Diese beiden Eigenschaften waren es, die Giuliana Saragoni und ihrem Mann Moreno Balzoni bei ihrer ganz persönlichen Herausforderung halfen, als sie 1992 die Osteria von Giulianas Eltern übernahmen. Mit Rezepten aus dem Alltag haben sie ihr eine neue Ausrichtung verpasst. Den Schwerpunkt bilden seitdem Wildkräuter, Innereien und selbstgemachte Nudeln.

1952 übernahmen Giulianas Eltern Diva und Cecco die Osteria Al Gambero Rosso, einen typischen Treffpunkt im Ort, an dem die Stammgäste ein Glas Wein genießen konnten und ihr Essen einfach von zu Hause mitbrachten. Dafür sind die beiden aus dem Ortsteil Selvapiano nach San Piero in Bagno, dem Verwaltungssitz von Bagno di Romagna, gezogen. Von Anfang an bot Diva auch kleine Speisen an und aus dem Lokal wurde erst eine Osteria mit warmer Küche und dann eine richtige Trattoria, woraufhin Cecco beschloss, sie umzubenennen: Aus dem rustikalen „Gambero Rosso“ wurde die nobler klingende „Trattoria Verdi“, benannt nach der Straße, an der das Lokal liegt. Zu dumm nur, dass sie für die Leute aus dem Ort die alte Osteria „Gambero Rosso“ blieb. So blieb den beiden nichts anderes übrig, als bald wieder zu dem früheren Namen zurückzukehren.
Divas Küche war vor allem darauf ausgelegt, die große Anzahl Gäste zu versorgen, die aus den Badeorten der Adriaküste hierherkamen und Tagliatelle, *ragù*, Ravioli und Lasagne essen wollten. Von klein auf half Giuliana ihrer Mutter in der Küche, bis sie zur Ausbildung nach Forlì geschickt wurde. Dort studierte sie, aber jedes Mal, wenn sie zu Hause war, half sie ihrer Mutter und lernte etwas Neues von ihr. 1970 heiratete sie Moreno und die beiden ließen sich in Forlì nieder. Giuliana arbeitete als Grundschullehrerin und Moreno in der Gemeindeverwaltung und das sollte für die nächsten 20 Jahre auch so bleiben. Anfang der 1990er Jahre jedoch kehrte sie nach Bagno di Romagna zurück. Grund war einerseits das Alter ihrer Eltern, aber ein gewisses Heimweh nach dem Ort, in dem sie praktisch aufgewachsen war, spielte für Giuliana auch eine Rolle. Es war keine leichte Entscheidung und keineswegs selbstverständlich, schließlich gab sie eine sichere Arbeitsstelle auf für eine Tätigkeit, in der sie nur wenig Erfahrung hatte. Sie hatte sich entschieden aus der Stadt in ein abgelegenes Dörfchen auf dem Apennin ziehen und musste mit jedem diskutieren, der ihr das bestürzt ausreden wollte, in erster Linie ihr Mann Moreno, aber ganz besonders ihre Mutter Diva. Giuliana ließ sich jedoch nicht beirren: Das Al Gambero Rosso musste weiterleben und sie würde es wieder zu dem machen, was es einmal war, mit jenen Gerichten aus der Alltagsküche, die ihre Mutter schon lange nicht mehr anbot.
Nach einigen Umbauarbeiten startete das Unternehmen „Locanda del Gambero Rosso“ – Vater Cecco hatte nämlich inzwischen eine Hotelkonzession erworben – 1992 zu neuen Ufern. Moreno bediente die Gäste, Giuliana stand in der Küche. Selbstverständlich wurden die Gerichte ihrer Mutter serviert, darüber hinaus aber tischte Giuliana Vorspeisen wie Raviggiolo-Käse, Basotti (dünne Bandnudeln), *tortelli nella lastra* (siehe Rezept) oder auch einmal ein Schälchen Suppe aus heimischen Wildkräutern, Kut-

LOCANDA
Blueberry

teln und Nierchen auf. Im Grunde also alles, was den Grundstock der ursprünglichen Küche in dieser Ecke des Apennins zwischen Toskana und Romagna bildet. Innerhalb weniger Monate hatte sich eine kleine Stammkundschaft gebildet, die vor allem wegen der köstlichen Vorspeisen immer wieder kam, gerade auch wegen jenen aus der Armeleuteküche. Und Moreno wurde immer wieder gefragt, warum er immer diese wild wachsenden Kräuter und Blumen sammle. Doch nur wenige von ihnen wollten an das glauben, was da in dieser kleinen Osteria vor sich ging. Und Mamma Diva bildete da keine Ausnahme: Mit versteinertem Gesicht kostete sie jedes Gericht, das Giuliana zubereitete. Und da sie an die großen Portionen gewöhnt war, die sie für die Leute aus der Romagna und die Touristen gekocht hatte, war sie überzeugt, die Gäste würden nun die Osteria mit knurrendem Magen verlassen. Doch sie täuschte sich. Die Trattoria wurde immer erfolgreicher, sodass man 1995 die Locanda umbaute und erweiterte. Damals standen auf der Speisekarte schon ausschließlich „Alltagsgerichte", wie Moreno sie gern nennt, und das Team wurde um Tochter Michela und später um Schwiegersohn Paolo aufgestockt. Qualitativ hochwertige Rohstoffe spielten eine immer größere Rolle und neben heimischem Käse und Kräutern standen jetzt auch Gerichte aus dem Fleisch alter Rinder- und Schweinerassen auf der Speisekarte. Immer öfter wurde in alten Kochbüchern und Haushaltsbüchern gelesen und für neue Rezepte recherchiert. Nun endlich war die Idee Wirklichkeit geworden, mit der Giuliana und Moreno gestartet sind.

20 Jahre nach der Wiedereröffnung ist es im Al Gambero Rosso gelungen, Kräutern den gleichen Stellenwert wie Trüffel einzuräumen und den Raviggiolo-Käse überall bekannt zu machen. Auch andere Gastronomen sehen sich inzwischen veranlasst, ihn auf ihre Karte zu setzen und seinetwegen werden ganze Feste veranstaltet. Dieser Erfolg zählt für Giuliana und Moreno mehr als die vielen Auszeichnungen, die sie inzwischen für ihre Osteria erhalten haben.

Raviggiolo-Käse aus dem Apennin zwischen Toskana und Romagna

Der Raviggiolo hat eine jahrhundertealte Geschichte. 1515 wird er zum ersten Mal erwähnt: Der Magistrat der Provinz Bibbiena soll Papst Leo X. einen Korb voll Raviggiolo, bedeckt mit Farnblättern, als Geschenk überbracht haben. Und Pellegrino Artusi nannte in seinem berühmten Werk „Die Wissenschaft der Küche oder die Kunst des guten Essens" den Raviggiolo-Käse als Zutat für die Füllung der *Cappelletti all'uso di Romagna* (Cappelletti nach Art der Romagna).

Der äußerst seltene Frischkäse wird in einigen Tälern des Apennin, die zur Romagna gehören, aus roher Kuhmilch und Lab hergestellt. Die so entstandene Käsemasse wird nicht gebrochen, man lässt sie nur abtropfen und salzt sie danach an der Oberfläche. Der Käse ist von leicht buttriger Konsistenz, weiß und hat einen ganz zarten, beinahe süßen Geschmack. Er wird in runden Laiben von 20–25 Zentimetern Durchmesser und 2–4 Zentimetern Höhe produziert. Raviggiolo zeichnet sich besonders durch seine Frische und die Milch- und Haselnuss-Noten aus, die er im Mund entwickelt. Er schmeckt so süß und angenehm frisch, dass man ihn auch gut zum Frühstück oder bei einem nachmittäglichen Imbiss genießen kann.

Heute wird der Raviggiolo aus Rohmilch nur noch von einigen wenigen Käsereien in der Gegend um Forlì in den Flusstälern von Montone, Rabbi, Bidente und Savio, die zum Teil im dortigen Nationalpark liegen, produziert. Wegen seiner geringen Haltbarkeit (höchstens vier Tage) bekommt man ihn nur von Oktober bis März. Ein Slow-Food-Förderkreis wurde gegründet, um die Produktion des Raviggiolo aus unpasteurisierter Kuhmilch zu erhalten, was ihn von seinem Namensvetter aus der Toskana unterscheidet. Auf der anderen Seite des Apennin, im Casentino-Tal wie übrigens in der gesamten Toskana, wird der Raviggiolo – normalerweise nur auf Anfrage – aus Schafsmilch hergestellt

Tortelli nella lastra

Auf der Steinplatte gebackene Tortelli

FÜR EINEN TEIG VON 90–100 CM Ø

1 kg Weizenmehl
Salz
Für die Füllung
1 kg Kartoffeln
200 g Speck
2–3 Knoblauchzehen
2 Eier
Salz und frisch gemahlener Pfeffer
Zubereitungszeit: 1 Stunde

Für den Teig das Mehl und etwas Salz mit so viel Wasser verkneten, dass ein geschmeidiger, nicht zu weicher Teig entsteht. Mit der Teigrolle zu einer dünnen rechteckigen Platte ausrollen.
Für die Füllung, den sogenannten *compenso*, die Kartoffeln weich garen, schälen und pürieren. Den Speck würfeln und auslassen, den gehackten Knoblauch darin anbraten. Die Eier verquirlen. Kartoffeln, Speck, Knoblauch und Eier mischen. Mit Salz und Pfeffer würzen. Die Füllung gleichmäßig auf einer Hälfte des Teiges verteilen, die andere Hälfte darüberklappen und die Ränder mit einem Teigrädchen abschneiden und gleichzeitig festdrücken.
Mit der Teigrolle ein mehr oder minder regelmäßiges Karomuster eindrücken, sodass man große Quadrate von 10–12 cm Seitenlänge erhält. Diese noch einmal so mit einem Tellerrand in Dreiecke unterteilen. Mit dem Teigrädchen den Teig endgültig durchtrennen und gleichzeitig die Ränder damit verschließen; überschüssigen Teig entfernen. Dann die Tortelli 3–4 Minuten auf einer Steinplatte backen (dieses traditionelle Küchengerät wird normalerweise in den Haushalten neben dem Kamin aufbewahrt; ersatzweise kann auch ein Heißer Stein verwendet werden), die vorher in der Glut des Kamins erhitzt wurde, bis die Tortelli an der Oberfläche leicht verbrannt sind.
Je nach Saison und Gegend kann man für die Füllung die Hälfte der Kartoffeln durch Kürbis ersetzen oder Kohl oder *carline* (wilde Karden, die auf den Almwiesen wachsen) dazugeben. Dies nur zur Bestätigung (wenn man noch eine braucht), dass es selbst in den Regionen noch unterschiedliche Küchen gibt und sich die Gerichte manchmal sogar von Ort zu Ort unterscheiden.

Polpette al forno

Hackfleischbällchen aus dem Ofen

FÜR 4 PERSONEN

300 g gekochtes Fleisch (z.B. bei der Herstellung von Brühe angefallene Reste von Hühnchen, Rind oder Schwein)
100 g mageres Fleisch ohne Knochen vom Mora-Romagnola-Kalb
200 g Ricotta
1 Ei
4 EL geriebener Pecorino oder Parmesan
1 Knoblauchzehe
5–6 Salbeiblätter (oder Basilikum bzw. glatte Petersilie)
Salz
geriebenes Brot
Olivenöl extra vergine
Zubereitungszeit: 40 Minuten

Das gekochte Fleisch und das Kalbfleisch durch einen Fleischwolf drehen. Die Masse in eine Schüssel geben. Den Ricotta, das Ei, den geriebenen Käse, den gehackten Knoblauch, die gehackten Salbeiblätter und eine Prise Salz dazugeben. Alles gründlich vermengen.
Aus dem Fleischteig etwa tischtennisballgroße Bällchen formen, etwas flach drücken und in dem geriebenen Brot panieren.
Die Bällchen in eine mit Backpapier ausgelegte, mit ein wenig Öl ausgefettete Form geben und im vorgeheizten Backofen bei 150 °C etwa 20 Minuten backen. Die Hackfleischbällchen sollen braun, aber nicht trocken werden.
Nach Belieben mit Kartoffelpüree und einem kleinen Stück Gemüseflan servieren.

Abbildung auf der gegenüberliegenden Seite

Zuppa inglese

Schichtcreme mit Biskuit

FÜR 8 PERSONEN

1 l Milch
abgeriebene Schale von ½ Bio-Zitrone
abgeriebene Schale von ½ Bio-Orange
1 Stück Zimtstange
1 Vanilleschote
10 Eigelb
200 g extrafeiner Zucker
250 g Ciambella (siehe Rezept rechts)
Alchermes (sehr süßer roter Kräuterlikör)
Zubereitungszeit: 50 Minuten plus Zeit zum Durchziehen

Die Milch mit der Zitronen- und Orangenschale, der zerkrümelten Zimtstange und der längs aufgeschlitzten Vanilleschote aufkochen. Das Eigelb mit dem Zucker schaumig schlagen, die heiße (nicht mehr kochende!) Milch durch ein Sieb zu der Eigelbmasse gießen und unterrühren. Die Mischung in eine Kasserolle geben und bei niedriger Temperatur unter ständigem, langsamen Rühren köcheln lassen, bis die Masse eine Temperatur von 83 °C erreicht (mit einem Thermometer überprüfen). Die Creme vom Herd nehmen, damit sie etwas abkühlt, und 3–4 Minuten weiter rühren, damit sie nicht zu fest wird (sie sollte dünnflüssig bleiben).
Etwas Creme in einer kleinen Auflauf- oder Kuchenform verteilen. Die Ciambella in Streifen schneiden und vorsichtig mit etwas Alchermes beträufeln. Die Creme in der Form mit einer etwa 2 cm dicken Schicht Ciambella-Streifen bedecken. Wieder etwas Creme und Ciambella darauf verteilen und auf diese Weise fortfahren, bis die Zutaten aufgebraucht sind. Den Abschluss soll eine Cremeschicht bilden; diese mit einigen Spritzern Alchermes beträufeln.
Das Dessert vor dem Servieren einige Stunden im Kühlschrank durchziehen lassen.

Ciambella

(für die Zuppa inglese)

FÜR 6–8 PERSONEN

300 g Weizenmehl Type 00 (ersatzweise Type 405)
16 g Trockenhefe
½ g Vanillin
abgeriebene Schale von 1 Bio-Zitrone
4 Eier
300 g extrafeiner Zucker
250 ml Milch
1 Glas Olivenöl extra vergine
Schmalz (nach Belieben)
Butter für die Form
Zubereitungszeit: 50 Minuten

Das Mehl in eine Schüssel sieben. Die Trockenhefe, das Vanillin und die Zitronenschale hinzufügen und alles gut vermengen. Die Eier mit dem Zucker in einer weiteren Schüssel kräftig aufschlagen. Die Mehlmischung zu der Eiermasse geben und unterrühren. Die Milch und das Öl hinzufügen und untermengen. Nach Belieben etwas Schmalz dazugeben, wenn die Ciambella auf die klassische Art zubereitet werden soll.
Den Teig in eine ausreichend große, mit Butter gefettete Kranzkuchenform füllen.
Im vorgeheizten Backofen bei 160 °C in etwa 30 Minuten goldbraun backen. Den Kuchen in der Form auskühlen lassen.

mangiando mangiando
OSTERIA
80
ADEMCO
osterie d'Italia
FIRENZE RUGBY 1931
La Cinta

Mangiando Mangiando

Piazza Matteotti 80 – 50022 Greve in Chianti (Florenz) – Tel.: 0039-055-8546372

Fotos von **Davide Gallizio**
Texte von **Nicola Ferrero**

Ein Gericht hat nur dann seine Existenzberechtigung, wenn man darin eine Geschichte findet. So lautet die Philosophie von Salvatore Toscano, Koch und Wirt der Osteria Mangiando Mangiando. Durch einen engen Kontakt mit den Produzenten setzt er diese strikt um. So sind auch sie Teil seines Lebens und des Erfolges von Mangiando Mangiando geworden.

„Man kann sagen, diese Osteria ist das Ende eines langen Weges. Ein Weg, der 1985 in Florenz begann, als wir mit ein paar anderen Jungs eine Pizzeria mit Restaurant aufmachten. Sie bekam den Namen Danny Rock, womit wir auf das ‚Hard Rock Café' anspielen und ein gewisses amerikanisches Flair aufkommen lassen wollten. Doch bei uns sollte es wirklich gutes Essen geben. Das Lokal wurde schnell ein beliebter Treffpunkt: Spieler des AC Florenz, der inzwischen berühmte Regisseur und Schauspieler Pieraccioni vor seinem großen Durchbruch, Leute, die das Essen und die Atmosphäre lockte, alle kamen sie. Doch je länger ich dort war und je besser ich als Koch wurde, desto mehr merkte ich, dass mir etwas fehlte."

Was Salvatore Toscano, Koch und gemeinsam mit Ehefrau Mirna Besitzer der Osteria Mangiando Mangiando in Greve in Chianti, fehlte, war wohl das Gefühl, das er aus seiner Kindheit kannte: dass man sich sein Essen erobern muss. Genau wie das Bewusstsein dafür, dass ein gutes Gericht nur aus ausgezeichneten Rohstoffen zubereitet werden kann.
„Ich weiß noch genau, wie es war, wenn mein Vater, ein echter Sizilianer, am Wochenende den Braten machte: Er riss dann immer alle Fenster und Türen auf, als wollte er seine Kochkunst mit allen teilen – oder besser als wollte er unseren Nachbarn mitteilen, dass auch wir es uns leisten konnten, mehrmals in der Woche Fleisch zu essen. Und ich erinnere mich an seine ehrliche Freude dabei, die so ansteckend war: Er ist immer eigens zum Metzger seines Vertrauens gegangen, um „sein Fleisch" zu kaufen, und hat selbst nach den Kräutern gesucht. So hat er sich sein Essen quasi selbst ‚erobert', ganz wie die alten Entdecker der Welt. Während meine Mutter, eine hervorragende Köchin, eher für die Alltagsküche zuständig war, die sieben hungrige Mäuler stopfen musste, repräsentierte mein Vater die Festtagsküche. Und ich habe – wahrscheinlich unbewusst – versucht, in meinem Lokal das zu wiederholen, was bei uns sonntags passierte. Ohne dabei jedoch zu vergessen, was es bei uns an den anderen Wochentagen zu essen gab."
1997 endete die Geschichte des Danny Rock, und zwar wie viele langjährige Liebesbeziehungen: mit einem Streit, dem Wunsch, alles stehen und liegen zu lassen, und dem Zweifel, ob man nicht etwas ganz anderes machen sollte. Doch da hatte Ehefrau Mirna schon am Hauptplatz von Greve in Chianti eine Rosticceria entdeckt, die vor Kurzem hatte schließen müssen. Ein wunderschöner Platz mit einem kleinen Lokal: Daraus musste sich doch etwas machen lassen! Somit war die Entscheidung gefallen und über all die Jahre wurde am Grundkonzept hartnäckig festgehalten: einige wenige Tische und eine einsehbare Küche (schließlich hat man nichts zu verbergen, im Gegenteil), in der Salvatore am Herd steht. Mirna bedient die Gäste und erzählt ihnen die Geschichten, die sich hinter den Gerichten, den hervorragenden Rohstoffen und ihren Erzeugern verbergen.
Auch hinter dieser Osteria steht eine Philosophie, die sie zum Vorbild für eine bestimmte Art der verantwortungsvollen Gastronomie mit philosophisch-politischer Ausrichtung macht. Diese Philosophie setzt sich aus ein paar wenigen Prinzipien zusammen: einer nahezu besessenen Suche nach den besten Erzeug-

osteria
mangiando mangiando

nissen und Produzenten, die zu „Komplizen" gemacht werden und die von derselben Mission beseelt sein müssen wie Salvatore; höchster Priorität für Terroir und den Saisongedanken, aber alles mit einer modernen Sichtweise; einem Bewusstsein dafür, dass Tradition weder unumstößlich noch unangreifbar ist – Tradition wird hier als in einen Prozess ständiger Veränderung betrachtet, als ein lebendiger Bestandteil des Ganzen, nicht etwa als Museumsstück. Und zu guter Letzt dem Interesse für die Menschen hinter den Geschichten. „Ein Gericht hat nur seine Existenzberechtigung, wenn man darin Geschichten findet. Sonst interessiert es mich nicht. Und hinter allen Geschichten stehen Menschen. Für mich bedeutet heute Koch zu sein, dass ein großer Teil meines Herzens in das Land hier verliebt ist, davon bin ich überzeugt. Und das heißt Liebe zu dem, der dieses Land bewirtschaftet. Solche Leute gibt es noch. Viele junge Leute haben für sich entdeckt, wie schön es ist, respektvoll mit dem Land umzugehen. Sie sorgen sich um die Qualität ihrer Produkte fast wie um ihre eigenen Kinder, bezahlen ihre Mitarbeiter fair und schützen die Umwelt. Es ist zu einfach, die Menschen zu vergessen. Ich bin, wenn wir einen Vergleich aus dem Fußball nehmen wollen, die Sturmspitze, der Vollstrecker. Aber wenn ich kein Mittelfeld hinter mir hätte, das die Bälle holt, oder keine Links- oder Rechtsaußen, die sie mir zuspielen oder Torgelegenheiten herausarbeiten, würde ich nie treffen. Mein Laden läuft nur dank der Leute, die mir ihre Produkte verkaufen." Und wer ist dieses Mittelfeld, die Rechts- und Linksaußen? Da wäre zum Beispiel Enrico Ricci, der Metzger: Dank seiner unermüdlichen Arbeit an den Chianina-Rindern gelingt es Salvatore, aus jedem Stück Fleisch, das er serviert, etwas ganz Besonderes zu machen. Oder Gionni und Paolo Prunetti, die das Olivenöl erzeugen, Francesco Anichini, der Öl und Ökoweine produziert und nun auf biodynamische Produktion umstellt und Giovanni Fabbri, der die Nudeln macht. Paolo Baldini, noch ein Winzer, die Brüder Mesina, Sarden, die es in die Toskana verschlagen hat, und Marco Cassini, der biologischen Rohmilchkäse erzeugt.

„Ein Gericht sollte mindestens zu zweit genossen werden, vielleicht mit einem schönen Glas Wein dazu. Für mich ist aber auch das Kochen schon Teilen und Begegnung. Und ich freue mich, dass mein Lokal diese Philosophie erfolgreich verwirklicht."

Der Betrieb Vallone di Cecione in Panzano di Greve

Vallone di Cecione ist ein kleiner landwirtschaftlicher Betrieb, nur wenige Kilometer von Panzano entfernt, einem Ortsteil von Greve in Chianti. Seine Geschichte ist vermutlich einzigartig. Heute wird er von Francesco Anichini geführt, einem Mann in den Dreißigern mit sehr klaren Vorstellungen und viel Liebe für das Land. Das Unternehmen gehört seit 1985 seiner Familie. Damals hatte sein Vater nach beinahe 25 Jahren als Pächter mehr investiert, als er eigentlich besaß, und den Betrieb gekauft. Damit hatte er sich mit 50 Jahren einen Traum erfüllt. Heute kann man nur bestätigen, dass er das Richtige getan hat. 2001 übernahm Francesco offiziell die Leitung des Betriebes, seinen Vater möchte er aber immer noch zur Unterstützung an seiner Seite haben. So kann er dessen enormes Wissen mit moderneren Anbaumethoden kombinieren und so beste Ergebnisse erzielen. Vallone di Cecione baut Oliven (etwa 700 Bäume) und Wein (etwa 4 Hektar) an, alles biologisch, und versucht, ganz auf biodynamischen Anbau umzustellen. Der Betrieb produziert kleinere Mengen Wein (zwischen 10 000 und 15 000 Flaschen Chianti Classico DOCG und Campo dell'Orzo, einen Cuveé zu gleichen Teilen aus Sangiovese und Cabernet) und Olivenöl (etwa 1000 Liter pro Jahr). Durch die bewusste Entscheidung, nicht auf Masse zu setzen, können sich Francesco und sein Vater auf die Qualität konzentrieren. Besonders interessant ist ihr Ansatz, auch verschiedene andere Pflanzen anzubauen, um durch die Fruchtfolge das natürliche Gleichgewicht des Landes aufrechtzuerhalten: Gerste, Rauke, Raps, Senf, Zwergbohnen und Erbsen.

osteria
mangiando

B. Toscano

Crostini neri di fegatini di pollo

Dunkle Hühnerlebercrostini

FÜR 8–10 PERSONEN

1 kg Hühnerlebern
2 Zwiebeln
4 Karotten
4 Stangen Sellerie
Olivenöl extra vergine
6 in Salz eingelegte Sardellenfilets
1 Handvoll Kapern
1 Glas Rotwein
toskanisches Weißbrot vom Vortag
Zubereitungszeit: 30 Minuten

Die Hühnerlebern waschen und trocknen. Zwiebeln, Karotten und Sellerie hacken. In einer Pfanne etwas Olivenöl erhitzen. Die Zwiebel-, Karotten- und Selleriestücke darin goldbraun braten. Die Sardellenfilets und die Kapern hinzufügen, kurz danach die Hühnerlebern dazugeben und unter Wenden von allen Seiten kräftig anbraten. Den Rotwein angießen und die Lebern 30 Minuten bei niedriger Temperatur schmoren.
Anschließend den Pfanneninhalt zu einer feinen Creme pürieren und die angerösteten Weißbrotscheiben damit bestreichen.

Pappardelle sul cinghiale

Bandnudeln mit Wildschwein

FÜR 6–8 PERSONEN

1 kg mageres Wildschweinfleisch ohne Knochen
Olivenöl extra vergine
1 Knoblauchknolle
50 g Salbei und Rosmarin
1 l Rotwein
1 TL Tomatenmark
1 Schöpfkelle Fleisch- oder Gemüsebrühe
Salz und frisch gemahlener Pfeffer
1,2 kg Pappardelle (breite Bandnudeln)
Zubereitungszeit: 2 ½ Stunden

Das Fleisch fein würfeln. In einer großen Pfanne einen kräftigen Schuss Olivenöl erhitzen und die geschälten ganzen Knoblauchzehen, die Salbeiblätter und die Rosmarinnadeln dazugeben. Sobald der Knoblauch goldgelb ist, das Fleisch hinzufügen und gut anbraten.
Den Wein angießen. Sobald der Wein verdampft ist, das Tomatenmark in der heißen Brühe auflösen und untermischen. Zugedeckt 2 Stunden köcheln lassen, dabei ab und zu umrühren. Mit Salz und Pfeffer abschmecken.
Während das Fleisch gart, die Pappardelle in reichlich Salzwasser bissfest kochen, dann abseihen und mit der Sauce vermengen.

Abbildung auf der gegenüberliegenden Seite

Pasta e fagioli alla toscana

Bohnen-Nudel-Eintopf nach Art der Toskana

FÜR 4 PERSONEN

400 g getrocknete Cannellini-Bohnen (weiße Bohnen)
6 Salbeiblätter
2 Knoblauchzehen
Olivenöl extra vergine
1 Zwiebel
1 Karotte
1 Stange Sellerie
1 kleiner Rosmarinzweig
1 l Fleischbrühe
1 EL Tomatenmark
Salz
250 g kleine Nudeln
frisch gemahlener Pfeffer
Zubereitungszeit: 2 ¼ Stunden plus Einweichzeit für die Bohnen

Die Bohnen über Nacht in kaltem Wasser einweichen, dann abseihen und in reichlich frischem Wasser mit zwei Salbeiblättern, einer Knoblauchzehe und 1 EL Olivenöl in 1–2 Stunden weich garen.
Die Zwiebel, die Karotte und den Sellerie fein hacken. In 4 EL Olivenöl die zweite Knoblauchzehe, den Rosmarinzweig und die restlichen Salbeiblätter anbraten. Wenn der Knoblauch goldbraun ist, ihn sowie den Salbei und Rosmarin aus der Pfanne nehmen und die Gemüsestückchen hineingeben. Gut anbraten, dann die weich gegarten, abgeseihten Bohnen hinzufügen. Kurz mitbraten und die heiße

Brühe angießen. Das Tomatenmark einrühren. Das Gemüse etwa 30 Minuten köcheln lassen. Mit Salz abschmecken.
Die Hälfte der Bohnen herausheben und pürieren, damit der Eintopf schön cremig wird. Das Püree wieder in den Topf zurückgeben. Die Nudeln in Salzwasser bissfest garen, dann abseihen und mit den Bohnen mischen. Den Eintopf mit frisch gemahlenem Pfeffer und mit Olivenöl beträufelt servieren.

Peposo alla fornacina
Geschmortes Rindfleisch

FÜR 6 PERSONEN

1 kg Rinderbein
3 l Chianti Classico
2 Knoblauchknollen
100 g Pfefferkörner
Salz
Zubereitungszeit: etwa 4 Stunden

Das Wichtigste bei diesem Gericht ist das Augenmerk auf beste Zutaten. Der Rest ist einfach: Das Fleisch in große Würfel schneiden, in einen Topf geben und mit dem Wein bedecken. Die ganzen Knoblauchzehen, die Pfefferkörner und etwas Salz dazugeben und das Fleisch so lange schmoren, bis es butterzart ist. Den Herd ausschalten und das Fleisch vor dem Servieren etwa 30 Minuten ziehen lassen.

Abbildung auf der gegenüberliegenden Seite

Arista al forno
Schweinerücken aus dem Ofen

FÜR 4 PERSONEN

500 g Schweinerücken (möglichst vom Cinta-Senese-Schwein) mit Schwarte
Salz und frisch gemahlener Pfeffer
4 Knoblauchzehen
einige Zweige Rosmarin
einige Salbeiblätter
einige Wacholderbeeren
Olivenöl extra vergine
2 Gläser Rotwein
Zubereitungszeit: 1 ¾ Stunden

Das Fleisch mit Schmetterlingsschnitt aufschneiden und ausbreiten, rundum mit Salz und Pfeffer bestreuen und den gehackten Knoblauch, Rosmarin und Salbei sowie die Wacholderbeeren darauf verteilen.
Den Schweinerücken mit der Schwarte nach unten aufrollen und mit Küchengarn fest zusammenbinden. In eine Auflaufform legen, mit Olivenöl bestreichen und im vorgeheizten Backofen bei 150 °C etwa 1 Stunde braten.
Anschließend mit dem Wein übergießen und weitere 20 Minuten bei 180 °C braten, damit das Fleisch außen schön knusprig wird. Mit dem Bratensaft servieren und nach Belieben gekochte Cannellini-Bohnen dazu reichen.

Semifreddo ai cantuccini e riduzione di Vin Santo
Halbgefrorenes mit Cantuccini und Reduktion von Vin Santo

FÜR 4 PERSONEN

3 Eier
450 g extrafeiner Zucker
300 ml Schlagsahne
100 g Vanillezucker
12 Cantuccini
1 l Vin Santo
Zubereitungszeit: 50 Minuten plus Zeit zum Gefrieren

Die Eier trennen. Das Eigelb mit 100 g extrafeinem Zucker zu einer schaumigen Creme aufschlagen und einige Minuten ruhen lassen. Das Eiweiß steif schlagen. In einem weiteren Gefäß die Sahne mit dem Vanillezucker steif schlagen, dann acht zerbröckelte Cantuccini unterheben.
Die Eigelbmasse ganz vorsichtig mit der Sahnemischung und dem Eischnee vermengen. Die Creme in eine beliebige Form füllen und für einige Stunden (oder so lange, bis das Halbgefrorene schnittfest ist) ins Tiefkühlfach stellen.
Für die Reduktion vom Vin Santo den Wein mit dem restlichen Zucker bei geringer Temperatur auf mehr als die Hälfte einkochen. Dann abkühlen lassen.
Zum Servieren das Halbgefrorene in Scheiben schneiden und mit je 1 EL Vin-Santo-Creme und den restlichen zerbröckelten Cantuccini garnieren.

Da Maria

Via IV Novembre 86 – 61032 Fano (Pesaro/Urbino) – Tel.: 0039-0721-808962

Fotos von **Davide Gallizio**
Texte von **John Irving**

Die Osteria Da Maria führt einen zunächst einmal ein wenig in die Irre: Draußen hängt ein großes Schild mit der Aufschrift „Bar“, doch wenn man einmal drinnen ist, betritt man das Reich von Maria und ihrer Tochter Domenica. Und das ist ganz einfach eines der besten Lokale an der ganzen Adriaküste, vor allem wenn man frischen Fisch essen will.

Ein Mann mit einer Tageszeitung unter dem Arm kommt herein. Er setzt sich an einen der sechs Tische im Gastraum, wo neben Fotos, gerahmten Zeitungsausschnitten und Topfpflanzen hier und da Domenicas bizarre Skulpturen stehen. Marias Tochter ist eine Frau um die Vierzig, trägt die Haare zu einem Pferdeschwanz gebunden und hat eine Leidenschaft für transzendentale Meditation. Im Lokal wuselt außerdem ein kleines Wollknäuel namens Rajas herum, das Hündchen ist nach der zweiten der drei Guna benannt, aus denen sich in der Samkhya-Philosophie die Urmaterie zusammensetzt.

Es riecht nach Räucherstäbchen, aber auch nach frischem Fisch. Während Domenica die Gäste bedient, hantiert Maria, inzwischen über 70 Jahre alt, in der winzigen Küche hinter dem Tresen ununterbrochen mit Töpfen und Pfannen. Das tut sie nun bereits seit 40 Jahren.

Ein Besuch bei Maria in Fano ist bei uns quasi Pflicht. „Wir kochen ja nur Fisch und heute gab es im Fang nichts Besonderes, aber wenn ihr sowieso unterwegs seid und euch mit dem begnügt, was da ist, kommt ruhig vorbei“, hatte Domenica am Telefon entschuldigend gesagt. Das ist jedes Mal so.

Die Osteria liegt versteckt in einer gesichtslosen Vorortstraße. Von außen würde man sie nicht für eines der besten Fischrestaurants an der ganzen Adriaküste halten und das große Schild mit der Aufschrift „Bar“ ist auch nicht gerade hilfreich.

Als wir das erste Mal ins Da Maria wollten, haben wir an Tankstellen, Zeitungskiosken und in Bars nach dem Weg gefragt. Vergebens. „Das werden wohl alles welche aus dem Süden gewesen sein“, meint Domenica. Schließlich hat uns ein Fahrradfahrer den richtigen Weg gewiesen.

Domenica entschuldigt sich noch einmal. Es gäbe nichts Besonderes, auch keine Speisekarte, ob wir essen wollen, was die Mamma so gekocht hat?

„Aber sicher.“

„Und zu trinken? Unser Hauswein ist ein Bianchello del Metauro DOC von Guerrieri. Den kann ich empfehlen.“

„Ich auch“, sagt der Mann mit der Zeitung. „Der passt ausgezeichnet zu Fisch und Fisch kocht Signora Maria nach allen Regeln der Kunst.“

Domenica kommt mit einer Jugendstilkaraffe aus farbigem Glas an unseren Tisch zurück. Der Wein lässt sich gut trinken. Dann kommt etwas, das sie *polentine con bomboline* nennt.

„Bomboline?“, fragen wir, denn was Polenta ist, wissen wir.

„Manchmal heißen sie auch bomboletti“, erklärt Domenica, aber das hilft uns auch nicht gerade weiter.

„So heißen hier im Dialekt die Meerschnecken“, sagt der Mann am Nebentisch.

Eine Sauce aus Knoblauch, Majoran, Wildfenchel und Tomaten durchtränkt die Polenta regelrecht – einfach wunderbar!

Dann folgt eine riesige Schüssel mit Heuschreckenkrebsen, Furchengarnelen, anderen Garnelen, Steinbutt, Marmorbrassen und Seezungen, alles nur gedämpft und mit ein wenig Öl und Zitrone beträufelt.

„Das Öl ist aus den Leccino-Oliven von Cesare Mariotti, der seinen Betrieb hier ganz in der Nähe in Montemaggiore hat“, erklärt Domenica.

desigual.com

Die Seezungen sind die ersten der Saison, gekauft bei einem Fischer namens Enrico, einem absoluten Spezialisten seines Fachs. Kalmare und Tintenfische lässt man sich von einem gewissen Ivan liefern, die Meeresfrüchte kommen von einem dritten, alles wird jeden Tag früh am Morgen ganz frisch angeliefert. „Das sind prima Kerle, alle aus Fano", sagt Domencia. Nun kommt Signora Maria herein und bringt einen Teller Crescia, eine lokale Variante der Focaccia, mit Crocette, Mittelmeerschnecken, auch Pelikanfuß genannt.
„Man nennt sie hier auch *garagoli* oder *garagoi*", sagt Domenica erneut kryptisch.
„Eine Spezialität an der Küste zwischen Pesaro und Civitanova Marche", hilft uns wieder der Mann weiter, der sich als Quell der Information erwiesen hat. Doch er trägt Anzug und Krawatte, ist also kein Fischer.
„Arbeiten Sie vielleicht in der Fischbranche?"
„Nein, in der Bank um die Ecke."
Maria erzählt uns, dass sie in Mombaroccio, in der Nähe von Urbino, geboren wurde. Schon als kleines Mädchen hat sie dort auf dem Land gelernt, wie man Kaninchen, Lamm und Innereien ganz sanft und langsam in Tonformen im offenen Kamin schmort. Sie hat dann einen Fischer aus Fano geheiratet und weil sie von da an an der Küste lebte, hat sie den Fisch eben auf die gleiche Weise geschmort. „Ich erklär' euch das mal", sagt sie und bringt ein Ragout aus verschiedenen Fischen auf den Tisch, das einem auf der Zunge zergeht.
„Ich bereite den Fisch mit Tomaten, etwas Zwiebeln, Petersilie und ein paar Tropfen Öl zu. Das Geheimnis dabei ist, dass man das Ganze langsam im Tontopf über der Glut schmort. Das kocht sich praktisch von selbst."
Die Fische sind verhältnismäßig klein. „Hier an der Adriaküste sind sie alle so", erklärt Maria. „Und es gibt nicht mehr so viele wie früher einmal, als die Fischerboote morgens und abends mit vollen Netzen zurückkamen." Und so bleibt das Lokal nicht nur am Sonntag geschlossen, dem eigentlichen Ruhetag, sondern manchmal auch an anderen Tagen, wenn es keinen frischen Fisch gibt.
„Wollen Sie das Essen wie die Fischer mit einer *moretta fanese* beenden?", fragt Domenica.
Das ist eine stärkende Mischung aus Espresso, Anislikör, Rum, Brandy, Zucker sowie Zitronenschale und Sternanis, die oben im Glas schwimmen.
„Ausgezeichnet, wie wird das genau gemacht?"
„Das sage ich nicht", meint Maria mit einem Lächeln. „Ich habe schon zu viel verraten."
Das Da Maria in Fano. Ein Typ Osteria, der vom Aussterben bedroht ist.

Die Crocetta aus Ancona

Crocetta heißt der Pelikanfuß, eine Meeresschnecke, im Dialekt der Gegend um Ancona, und sie wird hier auch unter diesem Namen verkauft. Es handelt sich um Weichtiere der Unterart Schnecken, die nur im Küstengebiet zwischen Civitanova Marche und Pesaro verbreitet sind. Ihr Haus zeichnet sich durch eine besondere Form aus: Die vier unterschiedlich dicken und langen Auswüchse erinnern an den Fuß eines Pelikans und unter diesem Namen sind sie in Italien wesentlich bekannter. Das Schneckenhaus ist dick und widerstandsfähig und besteht aus sieben bis acht spiralförmigen Windungen. Die Färbungen variieren von cremeweiß bis dunkelbraun. Es kann einen Durchmesser von bis zu sechs Zentimetern erreichen, üblich sind drei bis vier Zentimeter. Mit ihrer gezahnten Schale gräbt die Meeresschnecke im Sand, um an organische Reste zu gelangen, von denen sie sich ernährt. Im Frühling vermehrt sie sich. Vom Sommer bis in den Dezember muss man nicht erst warten, bis sie sich entleert haben. Doch zwischen Weihnachten und Ostern ist das unabdingbar, da sie dann Schlamm in sich aufnehmen. Nach dem Fang folgt eine langwierige Säuberungsprozedur und um sie genießbar zu machen, muss man erst die Seite und die unteren Teile abschneiden. Oft werden sie „in porchetta" gekocht, eine typische Zubereitungsart der Küche der Marken. Wildfenchel spielt hierbei eine wichtige Rolle. Die *crocetta* gehört zu den über 400 Produkten, die „Zuflucht" auf der Arche des Geschmacks gefunden haben, dem Projekt von Slow Food zur Wiederbelebung und Erhaltung kleiner Betriebe von herausragender gastronomischer Bedeutung.

Pesce bollito al vapore

Gedämpfter Fisch

FÜR 6 PERSONEN

4 kg küchenfertige Fische und Meeresfrüchte je nach Saison (Meerbarbe, Drachenkopf, Seezunge, Glattbutt oder Steinbutt, Marmorbrasse, Heuschreckenkrebse, Miesmuscheln aus Wildfang)
Olivenöl extra vergine
1 Bund glatte Petersilie
Salz
Zubereitungszeit: 2 Stunden

Die Fische in Meerwasser (ersatzweise in Salzwasser) gründlich waschen.
Meerbarbe, Drachenkopf, Seezunge, Glattbutt und Marmorbrasse je nach Größe oder Festigkeit unterschiedlich lang dämpfen. Maria empfiehlt etwa 5 Minuten pro 100 g Fisch.
Die Heuschreckenkrebse in einen Topf mit kochendem Wasser geben und 4 Minuten kochen lassen. Dann herausnehmen und seitlich mit einer Schere öffnen.
Die Muscheln ebenfalls kochen, bis sie sich öffnen. (Sie sollten auf jeden Fall nicht aus einer Zucht stammen, sondern aus einem artgerechten Fang. Die Schalen werden zwar an der Außenseite vollkommen verkrustet sein, aber das Fleisch schmeckt einfach köstlich.)
Fische und Meeresfrüchte mit Olivenöl beträufelt und mit gehackter Petersilie und Salz bestreut servieren.

Guazzetto della costa adriatica

Fischragout von der Adriaküste

FÜR 4 PERSONEN

2 kg Fische (Tintenfisch, Kalmar, Seeteufel, Drachenkopf, Großes Petermännchen, Rochen, Seezunge)
2 Zwiebeln
2 Bund glatte Petersilie
1 kleines Stück getrocknete Chilischote
½ Glas Olivenöl extra vergine
3–4 Flaschentomaten
2 EL Essig
Salz
Zubereitungszeit: 2 Stunden

Die Fische putzen, ausnehmen und waschen. Eine Zwiebel, die Hälfte der Petersilie und die Chilischote hacken und in einer Tonform im heißen Öl einige Minuten anbraten. Die Fische hineingeben, zuerst die mit dem festeren Fleisch (Kalmare, Tintenfische, Drachenkopf, Petermännchen, Seeteufel), einige Minuten später die zartfleischigeren Sorten.
Während die Fische Farbe annehmen, die Tomaten, die zweite gehackte Zwiebel und die restliche gehackte Petersilie in einem kleinen Topf mit kochendem Wasser 5 Minuten ziehen lassen. Die Tomaten herausheben, häuten und wieder hineingeben. Den Topfinhalt in die Tonform mit den Fischen gießen und alles mit Essig beträufeln. Zugedeckt etwa 10 Minuten schmoren lassen. Mit Salz abschmecken. Am besten gelingt dieses Gericht in Holzkohleglut im offenen Kamin.

Abbildung auf der gegenüberliegenden Seite

Brodo di pesce con passatelli
Fischbrühe mit Passatelli
4 PORTIONEN

Für die Fischbrühe
etwa 400 g küchenfertige Fische je nach Saison
(z.B. kleine Seezungen, Felsengrundel, Marmorbrassen)
2 Kirschtomaten
1 Zwiebel
2 Gewürznelken
1 Stück Sellerie
1 Karotte
abgeriebene Schale von 1 Bio-Zitrone
Für die Passatelli
250 g Krume von geröstetem Brot (dickes Stangenbrot, keine Brötchen), gerieben
300 g Parmesan, gerieben
6 Eier
abgeriebene Schale von ½ Bio-Zitrone
frisch geriebene Muskatnuss
Zubereitungszeit: 1 Stunde

Die Fische gründlich waschen. Zusammen mit den Kirschtomaten, der grob gehackten Zwiebel, den Gewürznelken, dem zerkleinerten Sellerie und der in Stücke geteilten Karotte in einen Topf mit kaltem Wasser geben. Aufkochen, etwa 20 Minuten kochen, dann weitere 10 Minuten ziehen lassen; dabei die Zitronenschale hinzufügen. Den Topfinhalt durch ein Sieb abseihen.
Während der Fisch gart, die Passatelli zubereiten. Dazu die Brotkrume mit dem Parmesan, den Eiern, der Zitronenschale und einem Hauch Muskat zu einem weichen Teig verkneten. Diesen durch eine Passatellipresse (ersatzweise eine Kartoffelpresse) drücken. Die Fischbrühe zum Kochen bringen, die Passatelli hineingeben und einige Minuten darin garen.

Rana pescatrice alla brace con il suo fegato
Seeteufel vom Grill mit eigener Leber
FÜR 2 PERSONEN

2 Seeteufel à 1 kg (siehe Text)
Salz
Olivenöl extra vergine
1 Bund glatte Petersilie
Zubereitungszeit: 40 Minuten

Kaufen Sie frischen Seeteufel mit Kopf und Haut und vergewissern Sie sich, dass der Fisch noch nicht ausgenommen und die Leber noch vorhanden ist, denn diese schmeckt ausgezeichnet.
Zur Vorbereitung die Haut, die Augen, das Maul und die Kiemen entfernen, die Fische mit Salz bestreuen und für 10 Minuten in kaltes Wasser legen. Mit einem dicken Baumwolltuch abtupfen, mit Olivenöl extra vergine beträufeln und mit der gehackten Petersilie bestreuen. Leicht salzen. Bei schwacher Glut auf einem Holzkohlegrill braten, bis das Fleisch weich ist.

Torta margherita
Biskuitkuchen
FÜR 6–8 PERSONEN

250 g Weizenmehl
250 g Kartoffelstärke
10 Eier
3 TL Weinstein
1 TL Backpulver
1 Bio-Zitrone
1 kleines Glas Maraschino-Likör
1 Handvoll Puderzucker
Zubereitungszeit: 1 Stunde plus Zeit zum Abkühlen

Das Mehl und die Kartoffelstärke mischen, die Eier hinzufügen. Alles etwa 10 Minuten verkneten, dann den Weinstein, das Backpulver, die abgeriebene Zitronenschale (oder den Zitronensaft, nach Belieben) und zuletzt den Maraschino-Likör dazugeben und untermischen.
Den Teig in eine mit Backpapier ausgelegte Springform füllen und im vorgeheizten Backofen bei 180 °C 30–40 Minuten backen. Den Kuchen abkühlen lassen, aus der Form nehmen und mit Puderzucker bestauben.

Da Cesare

Via del Casaletto 45 – 00151 Rom, Monteverde Nuovo – Tel.: 0039-06-536015

Fotos von **Davide Gallizio**
Texte von **Marco Bolasco**

Nachdem er Jahre in renommierten Restaurants in Belgien, Frankreich und Italien gearbeitet hatte, spürte Leonardo, dass es an der Zeit war, zu seinen Wurzeln zurückzukehren, zu etwas, das ihm wieder die Gefühle und den Schwung seiner Anfangszeit vermitteln würde. 2009 übernahm er deshalb das Da Cesare und so haben wir heute alle das Glück diese wunderbare Erfahrung mit ihm teilen zu können.

Das Restaurant, das in den letzten vier Jahren in Rom am meisten von sich reden machte, ist kein Sternetempel. Und es wird auch nicht von einem Star- oder Fernsehkoch geführt. Es heißt schlicht Da Cesare und ist eine Trattoria im Herzen von Monteverde, Roms Künstlerviertel. Hier sind Intellektuelle und Filmleute zu Hause, unter anderem der Regisseur Nanni Moretti.

Und trtozdem geht es hier nicht etwa glamourös zu. Ja gut, man kann hier wirklich so manchen Schauspieler des Neuen Italienischen Kinos sehen oder einen bekannten Musiker, dessen Tournee ihn gerade durch Rom führt, aber sie alle kommen nur, weil Leonardo so gut kocht. Im Sommer draußen unter der Pergola oder drinnen in dem schönen, weitläufigen, manchmal etwas lauten Gastraum isst man gut und in angenehmer Atmosphäre. Vielleicht sind in Leonardos und Maria Pias Restaurant deshalb rund um die Uhr die Tische mit so vielen Sportprofis, Künstlern, Gastronomen, aber auch Arbeitern besetzt. Und am Sonntag kommen dann die Familien zum Mittagessen. So ein gemischtes Publikum findet sich sonst kaum zusammen. Anscheinend bietet das Da Cesare ein Konzept, das allen entgegenkommt: gutes Essen in entspannter Atmosphäre, die Basis guter Gastronomie.
Cesare, der Namensgeber der Trattoria, hat mit dem heutigen Erfolg zwar nichts zu tun. Doch jeden Dienstag kommt er zum Mittagessen her und danach wird er garantiert noch mit Freunden beim Kartenspielen sitzen. Das neue Leben seines Lokals begann, als Leonardo Vignoli beschloss, Cesare das Restaurant abzukaufen (bei Restaurants ist es wie mit Schiffen, man ändert den Namen nicht) und es zu seinem Lebensinhalt zu machen.
Leonardo, der mit freundlichem, geduldigem Lächeln zwischen den Tischen umhergeht, ist ein guter Beobachter. Und er widmet sich mit seltener Hingabe seiner Arbeit: professionell, zurückhaltend und doch immer präsent, so wie man es nur durch jahrelange Erfahrung lernt. Wann findet man so etwas noch in einer Trattoria? Leonardo hat außerdem ein ausgezeichnetes Gespür für Wein und ist nie um einen Rat verlegen, welcher wohl am besten zu den Gerichten auf der Karte passt. Dasselbe Gespür bringt er für die Gäste mit, er weiß einfach, was ihnen schmeckt. Dazu kommt die Leidenschaft für die Küche Roms und seiner Umgebung.
Da merkt man einfach, dass er lange Jahre in Frankreich, in eher snobistischen, inzwischen vielleicht etwas antiquiert wirkenden Gourmet-Tempeln in der Küche wie im Service seine Erfahrungen gesammelt hat.
Begonnen haben seine kulinarischen Wanderjahre in Genf im Hotel Beau Rivage, danach ging es 1992 nach Rom ins gutbürgerliche Viertel Parioli in ein berühmtes Restaurant, das nicht nur wegen seines französischen Namens, sondern wegen seines französischen Stils sehr beliebt war: Relais le Jardin. Die weiteren Stationen: 1994 Chez Léon in Lyon, ab 1995 fünf wichtige Jahre im Petit Nice von Marseille (nur wenige Glückliche kamen in den Genuss seiner Bouillabaisse). Dann Avignon, Béziers und wieder Rom – besser gesagt Monterotondo – und schließlich das Restaurant San Rocco von Marco Milani, seinem

guten Freund. Diese Adresse haben viele Feinschmecker in guter Erinnerung.
Doch nach einiger Zeit merkte Leonardo, dass Sternegastronomie in Rom vielleicht doch nicht das war, was er wirklich wollte. Lieber wollte er die Alltagsgerichte, die er in Monterotondo kennengelernt hatte, neu interpretiert und mit hochwertigen Zutaten anbieten. Als er dann zusammen mit Maria Pia im Februar 2009 das Da Cesare in der Via del Casaletto 45 entdeckte, beschloss er spontan, es zu übernehmen. „Ich habe dieses Lokal gesehen und sofort gewusst: Das will ich haben", erzählt er uns. „Hier fand ich alles wieder: meine Anfänge als Koch, meine Wurzeln und die Aromen meiner Küche. Es war, als würde ich wiederentdecken, woher ich kam. Vor allem gefiel mir die Atmosphäre gelebter Vergangenheit."
Sehr schnell sprach sich herum, dass man in diesem neuen Lokal ausgezeichnete *polpette di bollito* (siehe Rezept), Frikadellen aus gekochtem Fleisch, macht. Dass es hier ab und zu *fettucine colle rigaje* (mit Hühnerklein) gibt oder im Sommer Paprikahühnchen, aber auch frittierte Sardinen und andere Fischgerichte. Man sprach über die schattige, von Weinlaub umrankte Pergola, unter der man sich in einen Film der 1970er Jahre versetzt fühlt, aber auch über die Weinkarte, die von neuer Winzerkultur und Leidenschaft für natürlich belassene Weine kündet. Nicht von ungefähr trifft man hier an den Tischen oft Jonathan Nossiter an, Autor, Produzent und Regisseur des hochgelobten, aber auch umstrittenen Dokumentarfilms *Mondovino*. „Ich habe die künstlichen Kreationen aus den vielen Jahren in sogenannten Edelrestaurants hinter mir gelassen. Ja, es stimmt, ich habe dort viel gelernt, aber ich brauchte authentischere Vorbilder, die besser zu mir passten. Mehr Gefühl, weniger Stress und mehr Spaß am Genuss: Das ist meine Esskultur", sagt Leonardo, fast als wäre das Da Cesare für ihn eine Befreiung. Dann entschuldigt er sich und geht wieder an die Arbeit. Zusammen mit Maria Pia und seinem Team bewegt er sich sehr aufmerksam zwischen seinen Gästen, denn guter Service besteht aus vielen Details: Man muss die tagesfrischen Zutaten anpreisen, ein neues Gericht erklären und vor allem auf die merkwürdigsten Wünsche eingehen. Diese reichten von halben Portionen bis zu einem Teller Nudeln ohne Sauce für das Kind – das im Da Cesare übrigens nicht quengeln muss, sondern sich freuen darf, weil jeder bekommt, was er will. Und das in der aktuell besten Trattoria in ganz Rom, wo alles so einfach scheint und so gut funktioniert.

Leonardo und sein Wein

„Über Wein kann ich eines sagen: Er hilft mir sehr in meiner Küche. Die Authentizität, das Spontane, das Geschmackserlebnis mancher Gerichte beziehe ich oft aus dem Wein oder aus dem, was ich von ihm gelernt habe. Ein kurzgebratenes Stück Fisch aus der Pfanne oder vom Grill, so wie ich es am liebsten mag, das ist für mich Achtung vor den naturbelassenen Rohstoffen. Und die gilt es, mit einem Wein zu unterstützen, mit seinen mineralischen oder pflanzlichen Aromen. Der deftige Geschmack von *spaghetti all'amatriciana* (Spaghetti mit Speck, Tomaten und Pecorino) oder *spaghetti alla carbonara* wird zum Beispiel wunderbar durch die Wucht und Tiefe eines sehr fruchtbetonten Weißweins, bei dem man die ganze Fülle spürt, unterstrichen. Mir kommt es vor, als hätte mich der Wein eine Sprache gelehrt." Diese wohlgesetzten Worte könnten von einem Weinkritiker stammen, sind aber die Quintessenz von Leonardos Philosophie, einem echten Weinkenner und -liebhaber, der mit den verschiedenen Sorten und Flaschen in seinem Keller und seiner Küche virtuos spielt. Darunter finden sich keine superteuren oder hochprämierten Tropfen; der Wein, der ihm am meisten entspricht, ist ein Terre Silvate von Corrado Dottori, ein Verdicchio dei Castelli di Jesi. Dieser Weißwein stammt aus biologischem Anbau, er ist ein authentisches Produkt von Rebstöcken, zwischen denen Heilpflanzen und Wildkräuter sprießen.
„Eine Form von ‚hoher Handwerkskunst' und eine absolut demokratische Sicht auf die Dinge, in der sich persönlicher und ästhetischer Anspruch mit einem ausgeprägten Gemeinschaftssinn verbindet", wie es der Regisseur Jonathan Nossiter ausdrückt. Der Terre Silvate steht bei Leonardo oft auf dem Tisch, vermutlich, weil Dottori und er sich in Wesen und Handeln ziemlich ähnlich sind. Oder vielleicht auch nur, weil er so gut zu Leonardos Gerichten passt.

Polpette di bollito con pesto di basilico

Hackbällchen aus gekochtem Fleisch mit Basilikumpesto

FÜR 4 PERSONEN

500 g Bruststück vom ausgewachsenen Rind
½ Zwiebel
2 Karotten
2 Stangen Sellerie
6 Eier
50 g Parmesan, gerieben
1 Bund glatte Petersilie
Salz und frisch gemahlener Pfeffer
250 g altbackenes Brot, gerieben
3 l Sonnenblumenöl zum Frittieren
Für das Basilikumpesto
3 Bund Basilikum
250 ml Olivenöl extra vergine
Außerdem
Parmesan zum Servieren
Zubereitungszeit: 4 Stunden plus Zeit zum Abkühlen

In einen großen Topf 7–8 l kaltes Wasser füllen. Das Fleisch, die halbe Zwiebel, die zerkleinerten Karotten und den in Ringe geschnittenen Sellerie hineingeben und zum Kochen bringen. Sobald das Wasser kocht, die Temperatur stark reduzieren und das Fleisch etwa 3 Stunden köcheln lassen.
Das gar gekochte Fleisch herausheben und abkühlen lassen. Die Brühe durch ein feinmaschiges Sieb abseihen und über Nacht abkühlen lassen, sodass sich das Fett oben absetzen kann. Dieses am nächsten Tag abschöpfen, damit die Brühe leichter wird, und die Brühe aufbewahren.
Das Fleisch zerdrücken, zwei verquirlte Eier, den geriebenen Parmesan, die gehackte Petersilie, Salz und Pfeffer dazugeben und alles mit den Händen verkneten. Bei Bedarf etwas von der Brühe dazugeben, sodass ein sehr lockerer Fleischteig entsteht. (Die restliche Brühe anderweitig verwenden.) Den Teig im Kühlschrank für 3 Stunden kalt stellen, dann Bällchen von 2–3 cm Durchmesser daraus formen. In einem tiefen Teller die restlichen Eier verquirlen und die Fleischbällchen erst darin und dann im geriebenen Brot wälzen.
Für das Pesto das Basilikum im Mixer pürieren und das Olivenöl extra vergine in einem feinen Strahl dazugießen, bis eine cremige Masse entsteht.
Das Sonnenblumenöl in einer hohen Pfanne auf höchstens 170 °C erhitzen und die Fleischbällchen darin frittieren. Herausheben, auf Tellern anrichten, etwas Pesto darübergeben und leicht mit geriebenem Parmesan bestreuen.

Abbildung auf der gegenüberliegenden Seite

Spaghetti alla gricia

Spaghetti mit Kopfspeck vom Schwein

FÜR 4 PERSONEN

440 g Spaghetti Nr. 12
Salz
350 g Guanciale (Kopfspeck vom Schwein; ersatzweise anderer Speck)
frisch gemahlener Pfeffer
300 g Pecorino Romano, gerieben
Zubereitungszeit: 40 Minuten

Die Spaghetti in Salzwasser bissfest kochen.
Inzwischen den Kopfspeck in etwa 50 g schwere Scheiben schneiden, diese wiederum in Rechtecke von 1½ × 3 cm. Die Speck-Rechtecke in einer beschichteten Pfanne anbraten, sodass der fette Anteil des Specks gründlich ausgelassen und der magere Anteil schön knusprig wird. Den Speck aus der Pfanne heben und beiseitestellen. Das ausgelassene Fett wieder erhitzen. Kurz bevor es zu rauchen anfängt, eine Schöpfkelle vom Kochwasser der Spaghetti hineingeben und aufkochen lassen. Mit frisch gemahlenem Pfeffer bestreuen und vom Herd nehmen.
Sobald die Nudeln bissfest sind, abseihen (dabei ein wenig Kochwasser zurückbehalten) und in die Pfanne mit dem heißen Speckfett geben. Auf hoher Stufe erhitzen und weiteres Nudelwasser hinzufügen. Sobald es verdampft ist, die krossen Speckwürfel dazugeben. Nach und nach einen Teil des geriebenen Pecorino, etwas Pfeffer, eine halbe Schöpfkelle Nudelwasser und zum Schluss einen weiteren Teil des Pecorino hinzufügen und mit den Nudeln verrühren.
Zum Servieren mit dem restlichen Pecorino und einem Hauch Pfeffer bestreuen.

Trippa
Kutteln
FÜR 4 PERSONEN

1,2 kg gemischte Kutteln (möglichst dunkel, z.B. Pansen, Blättermagen etc.), vorgekocht
1 ½ kg geschälte Flaschentomaten aus der Dose
1 rote Zwiebel
200 g Rinderfett
50 ml Olivenöl extra vergine
1 Bund Minze
Salz
300 g Pecorino Romano, gerieben
Zubereitungszeit: 3 Stunden plus Zeit zum Wässern der Kutteln und Ruhezeit

Die Kutteln in 1 cm breite und 15 cm lange Streifen schneiden. Die Dosentomaten in einer Schüssel mit den Händen leicht zerpflücken. Die Zwiebel in dünne Ringe schneiden.
In einem Schmortopf das Rinderfett und das Öl erhitzen und die Zwiebel darin goldgelb anbraten. Wenn das Rinderfett vollständig zerlassen ist, die Dosentomaten dazugeben. Zum Kochen bringen und bei geringer Temperatur etwa 20 Minuten köcheln lassen. Die Kutteln hinzufügen. Gut umrühren und zugedeckt wieder zum Kochen bringen. Die Kutteln bei niedrigster Temperatur einige Stunden sanft schmoren.
Wenn die Kutteln gar sind (sie müssen sich mühelos mit einer Gabel zerteilen lassen), die Minzezweige (etwas Minze zum Garnieren zurückbehalten) und etwas Salz dazugeben, gut umrühren und den Topf vom Herd nehmen. Zugedeckt 1 Stunde ziehen lassen, damit sich der Geschmack der Minze entfalten kann. Die Minze entfernen und die Kutteln 1 weitere Stunde ziehen lassen.
Die Kutteln vor dem Servieren in einer Keramikschüssel im Wasserbad 50 Minuten erwärmen, dabei ab und zu umrühren. Wenn sie anfangen zu dampfen, sind sie heiß. Auf Teller verteilen und mit dem geriebenen Pecorino und einigen Minzeblättchen bestreuen.

Crostata di visciole
Mürbeteigkuchen mit Sauerkirschen
FÜR 4–6 PERSONEN

Für den Mürbeteig
250 g zimmerwarme Butter
100 g extrafeiner Zucker
abgeriebene Schale von ½ Bio-Zitrone
6 Eigelb
500 g Weizenmehl
Für den Belag
500 g Sauerkirschen
250 g Zucker
abgeriebene Schale von ½ Bio-Zitrone
½ Apfel mit Schale
Zubereitungszeit: 1 ½ Stunden plus Zeit zum Abkühlen

Für den Teig in einer Schüssel die weiche Butter und den Zucker mit einem Schneebesen schaumig rühren. Die Zitronenschale dazugeben und nach und nach das Eigelb einarbeiten. Wenn Butter, Zucker und Eigelb gut vermischt sind, nach und nach das Mehl dazugeben und rasch mit den Händen zu einem glatten Teig verkneten. In Klarsichtfolie gewickelt einige Stunden im Kühlschrank ruhen lassen.
Inzwischen den Belag zubereiten. Dazu die Sauerkirschen entsteinen und mit dem Zucker, der Zitronenschale und dem zerkleinerten ungeschälten Apfel in einen Topf geben. Bei niedrigster Temperatur 80 Minuten köcheln lassen, bis die Früchte zu einem Mus zerfallen, dann abkühlen lassen.
Eine Obstkuchenform mit dem ausgerollten Teig auslegen und den Boden mehrmals mit einer Gabel einstechen, damit der Teig sich nicht bläht. Im vorgeheizten Backofen bei 180 °C 18 Minuten backen. Den Kuchenboden aus dem Ofen nehmen, abkühlen lassen und mit dem Sauerkirschmus bestreichen.

"His Master's Voice"

Sora Maria e Arcangelo

Via Roma 42 – 00035 Olevano Romano (Rom) – Tel.: 0039-06-9564043

Fotos von **Davide Gallizio**
Texte von **Marco Bolasco**

Sora Maria e Arcangelo ist eine Osteria aus dem Jahr 1949. Und Giovanni Milana, ihr Wirt, hat sozusagen noch das Erbgut der Gründer im Blut. Der Enkel von Arcangelo führt die vom Vater vorgegebene Tradition fort und widmet sich vor allem den Spezialitäten der Region Latium.

Wer in dem Restaurant in Olevano Romano heute noch nach Sora Maria und Arcangelo sucht, wird nicht fündig werden. Sie sind schon lange nicht mehr da und doch sind sie immer noch präsent. Zumindest ihr Erbe, denn in diesem Lokal im Umland von Rom riecht, schmeckt und erlebt man Geschichte jeden Tag aufs Neue. Vor allem eben die Geschichte des Ehepaares, das einst im Pigneto-Viertel Roms seine erste Osteria eröffnete, die heute übrigens das L'Infernotto beherbergt.

Aber das war damals, in den 1920er Jahren, als sich niemand vorstellen konnte, wie sich dieses Viertel einmal entwickeln würde und dass in einem volkstümlichen Viertel ein Szenelokal am anderen entstehen würde. Denn so sieht es heute dort aus. Nach dem Zweiten Weltkrieg, einer einschneidenden Erfahrung für die beiden, kehrten sie 1949 nach Olevano zurück: So waren sie immer noch in der Umgebung Roms, aber doch ziemlich außerhalb der Stadt. Hier, zwischen den so wunderbar grünen Hügeln, in die Landschaftsmaler aus ganz Europa pilgerten, entstand nun ein Lokal, das einmal berühmt werden sollte. Eine urwüchsige Osteria mit Weinverkauf, in die wenig später auch der damals noch blutjunge Sohn Primo Milano einsteigen sollte.

So kam es, dass auch Primo, der zunächst Bäcker gelernt hatte, seinen Anteil an der Geschichte der Osteria hat, ja, sie entscheidend mitprägte. Und schon bald wurden die ersten Restaurantführer auf sie aufmerksam. Primo ist 1989 von uns gegangen, 15 Jahre nach seinem Vater Arcangelo, und doch muss man sich hier nur umschauen, die Speisekarte lesen oder ein Gericht probieren, und man spürt seine ständige Gegenwart. Er hat hier seinen Stempel hinterlassen und die bereits besondere Küche seiner Eltern – die aus der Stadt Neuerungen mitbrachten, wie zum Beispiel den Einsatz von Butter – in etwas Ursprünglicheres verwandelt. Es wurde noch mehr Wert auf das Terroir und auf gute, neue Ideen gelegt.

Terroir, das heißt hier Olevano Romano. Und hier, in einer Gegend, in der selbst gute Hausmannskost nie den Weg in die Restaurants gefunden hat, waren Primos Ideen wirklich revolutionär. Die bäuerliche Küche aus Gemüse, gutem Fleisch und Käse wurde ursprünglich nur zu Hause am Sonntag gegessen. Bei Sora Maria und Arcangelo (vielleicht sollte man besser bei Primo sagen) wagte man mehr: Regionale Identität, Geschmack und Kochkunst wurden zu neuen Gerichten vereint. Wie zum Beispiel Cannelloni, die in dieser Gegend wirklich eher selten waren und nun ein Klassiker der Küche in Olevano Romano geworden sind: Käse und Kalbfleisch von lokalen Erzeugern und zum Schluss noch einmal gratiniert. Auch heute noch kommen die Leute, angelockt von der Mund-zu-Mund-Propaganda, die das Lokal berühmt gemacht hat, um genau diese Cannelloni zu probieren. Aber auch mit Ricotta gefüllte Ravioli oder das Wild, das per Kurierdienst aus Rom vom Metzger in der Via della Croce geliefert wurde, wurden zu Spezialitäten.

Primo war Schöpfer dieser Kochkunst und predigte gleichzeitig gern seine Philosophie. Primo, der Marxist, der Umweltschützer, noch ehe es diesen Begriff gab, der Gastronom. Gino Veronelli fühlte sich durch ihn in seinem *Guida all'Italia piacevole – Führer*

Antico Ristorante
Sora Maria e Arcangelo
Rocchi Eugenia

durch das Italien des Genusses (Garzanti, 1968) zu folgender Äußerung veranlasst: „Hier wurde Schweinen ein Tempel errichtet."
Schon zu seiner Zeit versuchte Primo, sein Land und dessen besondere Produkte und Gerichte zu bewahren. Giovanni, Primos Sohn, muss nun sein Vermächtnis fortsetzen, obwohl das so zunächst gar nicht geplant war. Eigentlich wollte er Flugbegleiter werden, doch nach dem Tod seines Vaters verzichtete er darauf und reist seither stattdessen durch die Welt der Essgenüsse. Das war im Italien der 1990er, und in seinem Bestreben, das Niveau zu heben, entwickelte Giovanni eine modische Fusionsküche mit kalifornisch-spanischem Einschlag, die sich sehr von seinen Vorbildern entfernte. Vor allem entsprach sie nicht der Geschichte von Sora Maria und Arcangelo. Der Geschichte eines Restaurants, das zwar flexibel ist und sich durchaus verändern kann, aber dennoch durch und durch im Ort Olevano Romano verwurzelt ist. Deshalb entschied sich Giovanni, ein großer und energischer Mann, im Jahr 2002, das Konzept der Osteria nochmals vollkommen neu zu definieren. Er verfolgt seither wieder die von der Familie eingeschlagene Linie, suchte aber nun nach lokalen Erzeugern, hat sich mit anderen Trattorie zu einem Netzwerk zusammen geschlossen und senkte die Preise. Er kocht mehr mit Gemüse, sucht sich die besten Tiere auf den Höfen, gräbt das traditionelle Rezept von Hühnchen mit Paprikaschoten wieder aus und kombiniert Stängelkohl mit Artischocken. Es kommen *tordo matto* auf die Karte, die typischen Kalbsrouladen der Region, aber er nimmt dafür lokale Zutaten, Schinken aus Bassiano, Kuhmilch-Mozzarella aus Morolo, gemacht aus Rohmilch, dazu Spargel und Erbsen. Slow-Food-Förderkreise für Gemüse, Mehl, Käse, das ist das, nach dem er heute strebt. Und er will den Produkten auch eine Öffentlichkeit geben, deswegen stellt er sie in der Vitrine am Eingang aus.
„Im Grunde ist es eine positive Rückwärtsbewegung, man kehrt in seine Heimat zurück und erobert sich das Land zurück. Unsere Region hat uns in den letzten Jahren sehr unterstützt", sagt Giovanni, „und ich will, dass jeder hier gut essen kann". Primo hätte das bestimmt gefallen, seine Frau Rita steht auch heute noch in der Küche, um seine Ideen weiter umzusetzen. Und Giovanni kümmert sich um seine Gäste und erzählt seine Geschichte. Und das Sora Maria e Arcangelo ist wieder ein Restaurant geworden, das seiner Zeit voraus ist.

Foto: © Alberto Peroli

Caciofiore aus dem Umland von Rom

Den *caciofiore* kann man als eine Art Vorfahr des *pecorino romano* ansehen, wobei bei ihm in die unpasteurisierte Vollmilch ein pflanzliches Lab gegeben wird, das man aus Artischockenblüten oder Blüten von wilden Karden (*Cynara cardunculus* oder *Cynara scolimus*) gewinnt, die im Sommer gesammelt werden. Die Blüten müssen auf einer Länge von 15–20 Zentimetern abgeschnitten werden, damit man sie zusammenbinden und mit dem Kopf nach unten an einem dunklen Ort trocknen kann. Dann weicht man die getrockneten Blütenstängel in Wasser ein, filtert das Ganze durch ein Sieb und mischt es langsam der Milch bei. Durch die Reaktion mit den pflanzlichen Enzymen wird das Eiweiß abgebaut und nach 60–80 Minuten gerinnt die Milch. Nun wird die Masse zum ersten Mal gebrochen. Dazu zieht man eine lange glatte Klinge hindurch, sodass sich Würfel ergeben. Das Ganze lässt man 15–20 Minuten ruhen, danach bricht man die Käsemasse noch einmal mit einem speziellen Schaumlöffel. Den so erhaltenen Käsebruch lässt man in quadratischen Käsesieben abtropfen. Am nächsten Tag wird der abgetropfte Käse gesalzen und in den Reifekeller gebracht, wo er 30–80 Tage bleibt. In dieser Zeit werden die Laibe mindestens einmal pro Tag gewendet, um zu verhindern, dass sich zu viel Schimmel an der Oberfläche bildet. Für den *caciofiore* nimmt man unpasteurisierte Vollmilch vom Schaf, ohne weitere Zusatzstoffe, auch ohne Milchsäurebakterien. Er wird nur in den Monaten Oktober bis Juni produziert, mit Ausnahme der Betriebe, die ihre Milch aus der Wanderweidewirtschaft beziehen. Die Tiere werden weder mit Silofutter noch mit gentechnisch verändertem Futter ernährt.

Die Region Latium ist die Heimat des *caciofiore* und der Förderkreis hat sich das Ziel gesetzt, das Projekt zur Wiederbelebung einer traditionellen Käsesorte zu unterstützen.

Veuve Clicquot

Cannelloni con pasticcio di vitellone

Cannelloni mit Kalbfleischfüllung

FÜR 15 PERSONEN

Für den Nudelteig
1 kg Weizenmehl
10 Eier
Salz
Für die Füllung
1 kg Hackfleisch vom Mastkalb
1 Zwiebel
2 Karotten
200 g Champignons
einige Blättchen Majoran
500 ml trockener Weißwein
Olivenöl extra vergine
frisch gemahlener Pfeffer
150 g Parmesan, gerieben
Für die Mehlschwitze
80 g Butter
500 g Weizenmehl
1 l heiße Brühe
Für die Tomatensauce
1 ½ kg San-Marzano-Tomaten
1 Zwiebel
Olivenöl extra vergine
1 Bund Basilikum
Zum Überbacken
1 kg Fior di Latte (Mozzarella aus Kuhmilch)
300 g Parmesan, gerieben
Butter
Zubereitungszeit: 3 Stunden plus Ruhezeit

Den Nudelteig bereits am Vortag zubereiten. Dazu das Mehl auf eine Arbeitsfläche häufen, in die Mitte eine Mulde drücken und die verquirlten Eier sowie eine Prise Salz hineingeben. Zu einem glatten Teig verkneten. Den Teig dünn ausrollen, trocknen lassen und in etwa 12 cm große Quadrate schneiden. Einige Sekunden in kochendes Wasser geben, herausheben und auf Baumwolltüchern ausgebreitet noch einmal trocknen lassen.
Die Füllung ebenfalls am Vortag zubereiten. Dazu das Hackfleisch in eine große Pfanne mit hohem Rand geben. Die Zwiebel und die Karotten in gleichmäßige Würfel schneiden, die Champignons fein hacken. Zusammen mit Majoran, Wein, Öl, Salz und Pfeffer in die Pfanne geben. Auf den Herd stellen und unter häufigem Rühren etwa 1 Stunde köcheln lassen.
Für die Mehlschwitze, die Butter in einem mittelgroßen Topf schmelzen. Das Mehl vorsichtig einrühren und mit der Brühe ablöschen. Gut verrühren und einköcheln lassen.
Die Fleisch-Gemüse-Mischung in einem Sieb abtropfen lassen. Die abgetropfte Mischung mit der vorbereiteten Mehlschwitze und dem Parmesan gründlich vermengen. Abkühlen lassen und im Kühlschrank aufbewahren.
Am nächsten Tag die Tomatensauce zubereiten. Dazu die Tomaten häuten und die Kerne entfernen; das Fruchtfleisch hacken. Die Zwiebel ebenfalls fein hacken und in etwas Olivenöl anbraten. Die Tomaten dazugeben, zuletzt die Basilikumblätter. Kurz köcheln lassen, salzen und pfeffern, dann durch ein Sieb passieren, damit die Sauce samtiger wird.
Für die Cannelloni auf jedem Teigquadrat etwa 1 EL Fleischfüllung verteilen und eng zusammenrollen. In kleinen, feuerfesten, mit Butter ausgefetteten Formen die Tomatensauce verteilen und die Cannelloni hineingeben. Darauf achten, dass die äußeren Enden nicht von Tomatensauce bedeckt werden, damit sie angenehm knusprig werden. Den Mozzarella in dünne Scheiben schneiden und darauf verteilen, den geriebenen Parmesan darüberstreuen. Butterflöckchen darauf verteilen. Die Cannelloni im vorgeheizten Backofen bei 250 °C überbacken bis der Käse bräunt.

Abbildung auf der gegenüberliegenden Seite

Carré di abbacchio al Frascati con patate

Lammkarree in Frascati mit Kartoffeln

FÜR 4 PERSONEN

2 Karrees vom Junglamm (Milchlamm oder gerade abgestillt)
Salz und frisch gemahlener Pfeffer
4 Gläser Frascati
8 Kartoffeln
2 Zwiebeln
60 g Butter
2 Gläser Brühe
2 EL Weizenmehl Type 00 (ersatzweise Type 405)
Zubereitungszeit: 1 ¼ Stunden

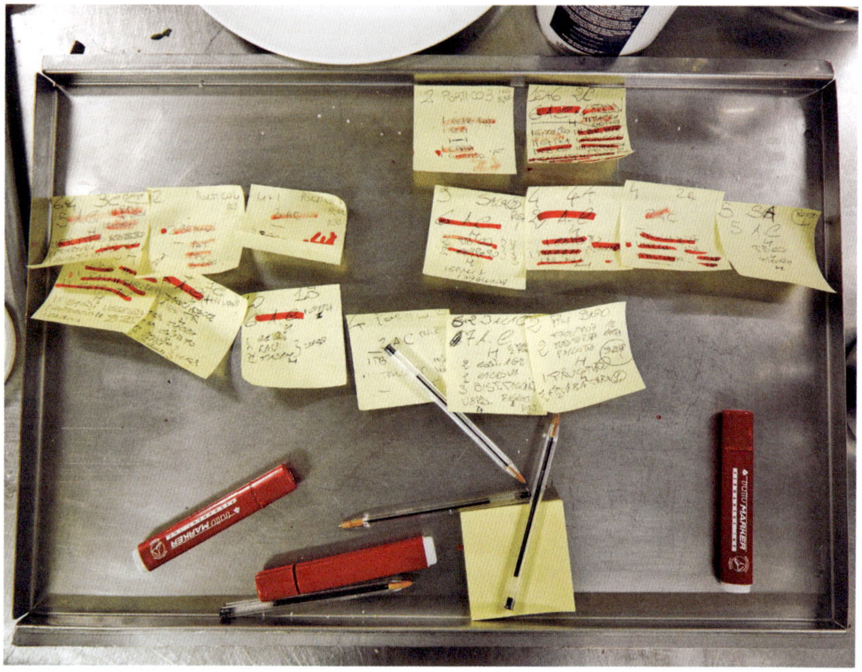

dahinter eine ständige Suche, in der nichts selbstverständlich ist und die nach einer Form von Essentialität strebt, die alles andere als leicht zu erreichen ist.
Jeden Tag also duftet es hier wieder nach warmer Foccaccia und *panzerotti*-Teigtaschen, die zur Aufschnittplatte gereicht werden – die ebenso je nach Jahreszeit wechselt wie das Gemüse. Es gibt frisch gemachten Dinkel-Gemüse-Salat und Linsentörtchen, *timballo* klassisch mit Tomatensauce oder mit Schichten aus hauchdünnen Pfannkuchen und Frühlings- oder Wintergemüse. Im Winter übrigens serviert man, meist am Freitag, ein komplettes Menü mit Stockfisch, im Frühling, besser gesagt zum 1. Mai und vielleicht noch ein paar Tage danach, die wunderbar deftige Bohnensuppe *virtù*, das Paradegericht für die Küche von Teramo. Alles wird mit geradezu mönchischer Geduld zubereitet, denn für die wirklich wichtigen Dinge des Lebens muss man entsprechend Zeit aufwenden. Und das bedeutet hier, Gemüse und Nudeln einzeln zu kochen – hätte Babette es nicht ebenso gemacht?
Patrizia bedient sich für ihre Küche aus dem eigenen Gemüse- und Kräutergarten. Unterstützt wird sie in der Osteria von ihren Kindern Cristina (in der Küche), Marcello und Sandra (im Service). Auch der Olivenhain mit 600 Pflanzen rund um das Restaurant, und der vier Hektar große Weinberg mit Montepulciano-Trauben, aus denen der Hauswein hergestellt wird, sind Quellen für die Zubereitung außerordentlicher Gerichte. Die Trauben, so Marcello, werden nach der Methode „Abschneiden und ab damit“ verarbeitet, also mit äußerst kurzen Zeiten zwischen der Lese und dem Keltern. Neben dem Hauswein gibt es auch eine respektable Weinkarte, die Marcello mit Leidenschaft und Kompetenz ständig aktualisiert und so sowohl den eigenen Wünschen als auch denen der Gäste nachkommt: 70 % der Weine sind aus der Montepulciano-Traube, darunter auch die vielseitigen Tropfen von Cerasuolo. Die große Auswahl von verschiedenen Winzern erlaubt es, den Wein passend zum jeweiligen Gericht zu wählen. Auch hier ist es wieder eine Frage des Details.

Vincotto

Die Tradition des gekochten Traubenmosts reicht über die Grenze zwischen den Regionen Abruzzen und Marken. In mindestens drei Provinzen letzterer (Ascoli Piceno, Fermo, Macerata) ist sie tief verwurzelt. In beiden Regionen schützen strenge Vorschriften die Besonderheit dieses Erzeugnisses, das nach wie vor sehr beliebt ist und hauptsächlich zu besonderen Gelegenheiten verwendet wird. Anfang des vorigen Jahrhunderts hatte fast jede Bauernfamilie ihren Vorrat an Vincotto. Man verwendete die schlechteren Trauben, vielleicht die aus nicht so guten Rebsorten oder die, die nicht genügend gereift waren. Auf jeden Fall durften sie nur einen geringen Zuckergehalt haben. Die Trauben wurden in einem Kupfertopf auf offenem Feuer erhitzt und gekocht, bis sie um die Hälfte einreduziert waren. So erhielt man den Vincotto. Wartete man, bis alles sogar um zwei Drittel einreduziert war, wurde daraus die *sapa*, ein dicker, sehr süßer Sirup, mit dem man Polenta oder lokale Süßspeisen verfeinerte.
Diese Tradition hat sich erhalten und auch heute findet man noch Familien, die Fässchen mit Vincotto im Keller lagern. Diesen bewahren sie eigens für ihre Kinder auf oder holen ihn zu Familienfesten wie einer Hochzeit oder Taufe hervor. Mario Soldati, der große Schriftsteller, hatte sich sofort in den Vincotto verliebt und seine önologische Besonderheit und seine anthropologische Bedeutung 1971 im zweiten Band seiner Reise durch Italiens Weinlandschaft „Vino al vino" beschrieben.

Ravioli di ricotta con zucchero e cannella

Ravioli mit süßer Ricottafüllung

FÜR ETWA 100 RAVIOLI (20 PERSONEN)

Für den Nudelteig
350 g Weizenmehl
80 g Vollei
70 g Eigelb
Für die Füllung
500 g Schafsricotta
200 g extrafeiner Zucker, mehr zum Bestreuen
10 g gemahlener Zimt, mehr zum Bestreuen
Zubereitungszeit: 1 Stunde plus Ruhezeit für den Teig

Mit der Füllung beginnen. Dazu alle Zutaten zu einer Masse verarbeiten, die so fest ist, dass sie sich mit einer Spritztülle verteilen lässt; wenn sie zu weich ist, das Innere von frischem Brot zerpflücken und hinzugeben. Die Mischung muss süß sein und kräftig nach Zimt schmecken.
Für den Teig auf einer Arbeitsfläche das Mehl mit dem Vollei, dem Eigelb und 100 ml Wasser zu einem glatten Teig verkneten. Den Teig 30 Minuten ruhen lassen. Anschließend zu einem großen, dünnen Rechteck ausrollen und die Füllung auf knapp der Hälfte der Teigplatte in regelmäßigen Abständen verteilen. Die andere, etwas größer bemessene Teigplatte darüberklappen. Mit einem Teigrad Ravioli ausschneiden und deren Ränder andrücken und gut verschließen.
Die Ravioli in kochendem, ungesalzenem Wasser einige Minuten garen, dann gut abtropfen lassen. In einer großen Form verteilen und mit Zucker und Zimt bestreuen. (Man kann sie auch übereinander schichten, aber man muss sie immer luftdicht verschließen, sonst trocknen sie aus.)
Die süßen Ravioli werden üblicherweise zum Karneval zubereitet. Man kann sie gut 1 Tag aufheben, dann schmecken sie sogar noch besser.
Die Ravioli können auch als erster Gang statt mit Zimt und Zucker mit einer Tomatensauce serviert werden.

Abbildung auf der gegenüberliegenden Seite

Pallotte cac' e ova

Käse-Eier-Bällchen aus dem Ofen

FÜR 6 PERSONEN

Für die Käse-Eier-Bällchen
400 g altbackenes Brot
1 Glas Milch
200 g gereifter Pecorino, gerieben
200 g Parmesan, gerieben
6 Eier
2 Knoblauchzehen
1 Bund glatte Petersilie
frisch gemahlener Pfeffer
frisch geriebene Muskatnuss
Weizenmehl zum Wälzen
geriebenes Brot zum Wälzen
Olivenöl
Für die Sauce
½ Zwiebel
1 Stange Sellerie
1 Karotte
150 ml passierte Tomaten
einige Blätter Basilikum
Salz
Zubereitungszeit: 1 Stunde plus Ruhezeit für den Teig

Bereits am Vortag den Teig für die Bällchen zubereiten. Dazu das Brot in Milch einweichen, dann gut ausdrücken und in eine Schüssel geben. Pecorino und Parmesan zur Brotmasse hinzufügen, dann vier verquirlte Eier, den gehackten Knoblauch, die fein gehackte Petersilie, eine Prise Pfeffer und einen Hauch Muskatnuss sorgfältig untermischen. (Nicht salzen, denn der Pecorino ist ziemlich salzig!) Den Teig über Nacht in den Kühlschrank stellen.
Am nächsten Tag die Sauce zubereiten. Dazu die halbe Zwiebel, den Sellerie und die Karotte fein hacken. In etwas Olivenöl goldbraun anbraten. Die passierten Tomaten, die zerpflückten Basilikumblätter und etwas Salz dazugeben. Alles einige Minuten köcheln und etwas eindicken lassen.
Aus dem Teig etwa 40 g schwere Bällchen formen, leicht flach drücken, erst in Mehl, dann in den beiden restlichen verquirlten Eiern und zum Schluss in geriebenem Brot wälzen. Etwa 10 Minuten in heißem Olivenöl frittieren. Abtropfen lassen, in eine Auflaufform geben, mit der Tomatensauce bedecken und im vorgeheizten Backofen bei 180 °C etwa 10 Minuten überbacken.

Maccheroncini alla teramana

Kleine Maccheroni nach Art von Teramo

FÜR 4–6 PERSONEN

Für den Nudelteig
250 g Weizenmehl Type 00 (ersatzweise Type 405)
150 g Hartweizengrieß
4 Eier
20 ml Olivenöl extra vergine
10 g Salz
Für die Sauce
250 g Rindfleisch
250 g Schweinefleisch
250 g Lammfleisch
1 Zwiebel
2 Karotten
2 Stangen Sellerie
Olivenöl extra vergine
400 g passierte Tomaten
Gewürznelken
Salz
Für die Fleischbällchen
250 g gemischtes Hackfleisch (Schwein und Rind)
1 Ei
3 EL geriebener Parmesan
frisch geriebene Muskatnuss
Pflanzenöl zum Frittieren
Zubereitungszeit: 3 ½ Stunden

Zur Information: Für die Zubereitung der Nudeln benötigt man ein in Mittelitalien übliches Gerät, die chitarra (Gitarre), die aus einem rechteckigen Holzrahmen besteht, in den im Abstand von 1 mm nebeneinander Metallfäden gespannt sind.
Für die Sauce die klein gewürfelten Fleisch- und Gemüsesorten in heißem Olivenöl braun anbraten. Passierte Tomaten, Gewürznelken und etwas Salz hinzufügen und alles etwa 3 Stunden köcheln lassen.
Für die Nudeln die beiden Mehlsorten mischen. Die Eier mit dem Öl und dem Salz verquirlen und nach und nach das Mehl unterrühren. Zu einem glatten Teig verkneten, zu einer Kugel formen und in Klarsichtfolie gewickelt 30 Minuten im Kühlschrank ruhen lassen. Den Teig nicht zu dünn ausrollen und in Rechtecke von 60 × 20 cm schneiden. Jedes Rechteck auf die chitarra legen und mit einer Teigrolle von oben Druck ausüben, um den Nudelteig in feine Streifen (Maccheroncini) zu schneiden. Diese auf einem Tuch ausbreiten und trocknen lassen.
Für die Fleischbällchen Hackfleisch, Ei, Parmesan und etwas Muskat vermengen und zu Kügelchen (7–8 mm Ø) formen. Diese in heißem Öl frittieren, abtropfen lassen und in die heiße Sauce geben.
Die Maccheroncini in kochendes Salzwasser geben und umrühren, sobald sie an die Oberfläche kommen, damit sie nicht aneinander kleben. Abseihen und mit etwas Sauce vermischt servieren.

Capra alla neretese

Ziegenragout nach Art von Nereto

FÜR 4 PERSONEN

2 kg Ziegenfleisch
1 kg rote Paprikaschoten
Olivenöl extra vergine
2 Knoblauchzehen
2 Zwiebeln
2 Karotten
1 Stange Sellerie
1 Stück Chilischote
1 Bund Salbeiblätter
1 kleiner Zweig Rosmarin
2 Lorbeerblätter
Salz und frisch gemahlener Pfeffer
1 großes Glas Rotwein (z.B. Montepulciano d'Abruzzo)
800 g reife Tomaten
Zubereitungszeit: 4–5 Stunden

Das Ziegenfleisch würfeln, dabei das Fett entfernen, waschen und abtupfen. Die Paprikaschoten in Würfel schneiden und in Olivenöl nicht ganz weich braten. Knoblauch, Zwiebeln, Karotten und Sellerie klein würfeln.
In einem Schmortopf reichlich Öl erhitzen. Das Ziegenfleisch, den Knoblauch, die Zwiebeln, die Karotten, den Sellerie, etwas Chilischote, Salbei, Rosmarin und Lorbeer hinzufügen. Mit Salz und Pfeffer würzen. Mindestens 4 Stunden bei sehr geringer Temperatur schmoren lassen. Dann den Wein angießen; bei Bedarf noch etwas heißes Wasser dazugeben. Die Tomaten häuten, die Samen entfernen und hacken. Nach der Hälfte der Garzeit in den Topf geben, 10 Minuten vor Ende der Garzeit noch die Paprikaschoten hinzufügen. Das Gericht sofort ganz heiß servieren.

34
32
OSTERIA
DENTRO LE MURA
Osteria
dentro
le Mura
Galliano

Dentro le Mura

Via Marinucci 36 – 86039 Termoli (Campobasso) – Tel.: 0039-0875-705951

Fotos von **Davide Gallizio**
Texte von **Antonlo Attorre**

Termoli ist eine Stadt, in der das Meer und der Fischfang seit jeher eine große Rolle spielen. Dies erkennt man schon an den vielen Gerichten, in denen Fisch gern mit Gemüse aus dem Umland kombiniert wird. Die Osteria Dentro le Mura ist der perfekte Ort, um wunderbare Beispiele für diese „Liaison" zu kosten, doch dazu später.

Ich weiß nicht, wer behauptet hat, dass man Nord-Süd- oder Ost-West-Differenzen getrost vergessen könne, der wahre Unterschied bestehe eigentlich aus Städten am Meer und Städten ohne Meer. Das ist eine gewagte Theorie, aber sie ist verbreiteter, als man annehmen möchte – und wer Hafenstädte kennt, wird sich ihr gerne anschließen. Doch sie beinhaltet auch, dass die Einwohner dieser Städte am Meer nicht nur aus einer Fülle an Gefühlen schöpfen können. Sie haben auch eine Verpflichtung ihrer Umwelt, dem Meer gegenüber.

Antonio Terzano, Eigentümer und Chef der Osteria Dentro le Mura in der Altstadt von Termoli, erfüllt diese Verpflichtung von Herzen. 1999 übernahm er eine *paninoteca*, die er ganz allmählich in ein richtiges Esslokal umwandelte. 2003 kam für den kleinen Gastronomiebetrieb mit dem niedrigen Gewölbe und einer auf 25 beschränkten Gedeckzahl das Jahr der Wende: Die Küche wurde so umgebaut, dass sie jetzt offen einzusehen ist, und Antonio verabschiedete sich endgültig von den Panini, um seiner Berufung zu folgen und eine moderne Osteria mit allen Köstlichkeiten aus dem Meer zu eröffnen.
Um die Besonderheit der Küche von Antonio Terzano besser verstehen zu können, muss man sich vergegenwärtigen, wo Termoli liegt und worauf die Stadt mit ihren Einwohnern sich gründet. Stellvertretend dafür steht schon die Altstadt, die auf einer Landzunge errichtet wurde und wie ein Schiffsbug ins Meer hineinragt. Auch das jährlich stattfindende Fest am 4. August, bei dem die Statue des Schutzpatrons der Stadt San Basso in einer Schiffsprozession öffentlich präsentiert wird, zeigt, dass diese Stadt dem Meer eng verbunden ist. Obwohl der Fischfang mit Sicherheit in vielerlei Hinsicht an Bedeutung verloren hat. Die Zeit, in der die Fischerei der wichtigste Industriezweig war und zahlreiche Familien als Kleinunternehmer davon lebten, war auch die Blütezeit der traditionellen Segelschiffe der Fischer, der *paranze*. Ab den 1920er und 1930er Jahren wurden diese jedoch überwiegend durch Motorboote ersetzt, sodass der intensiven Ausbeutung des Meeres Tür und Tor geöffnet wurde.
Wie in anderen Häfen der Adriaküste betrieben auch Leute aus dem Umland Fischerei, die damit ihre Einkünfte aus der Landwirtschaft aufbesserten. So entstanden die vielen Gerichte, die Fisch und Gemüse kombinieren – und wer nicht über beide Zutaten verfügte, der tauschte eben.
Und damit wären wir wieder beim Dentro le Mura, wo die Speisekarte stark von jahreszeitlichen Produkten bestimmt wird. Antonio Terzano kümmert sich nicht nur um die Küche, sondern auch um den Einkauf, während seine Frau für den Weinkeller und die Nachspeisen zuständig ist und auch für den Service. Für Terzano ist sein Restaurant auch gesellschaftlich wichtig als etwas, „das über das reine Kochen hinausgehen und auch die Geschichte von Termoli repräsentieren soll". Dafür forscht er unermüdlich nach alten Familienrezepten oder Gerichten aus den Bordküchen aus der Zeit der Segelschiffe. Seit auch die Gemeinde für diese *paranze* ein Denkmal errichtet hat, fühlt er sich in seinem Bemühen um den Erhalt lokaler Traditionen nicht mehr alleingelassen.

Osteria
dentro
le Mura
Slow Food

Manchmal bleibt die Gegenwart ja ein bisschen in der Vegangenheit hängen und so manches Klischee aus vergangenen Zeiten hält sich wacker. So galt es in den 1960er Jahren zum Beispiel als besonders schick und modern, gerade bei Fisch auf Exotik zu setzen und sich an den Menüs der Kreuzfahrtschiffe zu orientieren, mit den immer gleichen mit Brandy verfeinerten Schalentieren, die spektakulär flambiert wurden, oder Risottos mit hochtrabenden Namen arabischer Herrscher usw. Dagegen stehen Menschen wie Terzano, die zwar selten geworden sind, sich von solchen vermeintlich modernen Klischees aber nicht beirren lassen und beispielsweise so Altmodisches und doch Köstliches wie Fischeintopf mit fast vergessenen Gemüsesorten zu ihrer Philosophie erheben.

Ein besonderes Beispiel hierfür ist der Heuschreckenkrebs mit Wildzichorie, ein typisches Gericht der Fischer von Termoli aus den Zeiten, als Heuschreckenkrebse im Überfluss und billig zu haben waren. Und dann natürlich die Fischsuppe, oder besser gesagt, *brodetti* im Plural: Termoli ist der letzte Vorposten Süditaliens, wo dieses einst an Bord der Fischkutter entstandene Gericht noch gepflegt wird. Dafür wurden beim Fang zerrissene oder schwer verkäufliche Fische verwendet und es gibt darüber kaum Aufzeichnungen, da man je nach Fangglück beim Kochen so virtuos wie ein Jazzmusiker improvisieren musste. Dieses Gericht, das der Schriftsteller John Lanchester als „bodenständig und zugleich voller Fantasie" bezeichnete, kennt an der Adriaküste zwischen Rimini und Termoli ungezählte Varianten. So steht dieses Gericht auch bei Antonio eben als *brodetti* auf der Karte, denn hier ist keine Zutat Solist und Vielfalt ist Programm. Ganz philosophisch lässt sich sagen: Es hängt alles vom Meer ab!

San Giuseppe
TERMOLI
Mollica Pane

Olivenöl extra vergine D.O.P. aus Molise

Die geschützte Ursprungsbezeichnung D.O.P. *(denominazione di origine protetta)* gilt in Italien nur im Molise für eine gesamte Region. Obwohl es sich dabei um die zweitkleinste Region des Landes handelt, spielt sie doch für den Anbau und die Verwertung von Oliven in Italien eine wichtige Rolle, was Menge und Qualität betrifft. Die Zahlen sprechen für sich: Im Molise gibt es 2 Millionen Olivenbäume und in etwa 100 Ölmühlen werden im Jahr ungefähr 55 000 Tonnen Olivenöl erzeugt. Etwa 90 Prozent aller Olivenhaine findet man im südlichen Molise, in der Provinz Campobasso und in der Ebene um Venafro in der Provinz Isernia. In der gesamten Region findet man allerdings immer wieder kleinere Olivenhaine, sogar unmittelbar hinter der Küste oder an den Abhängen des Apennin im nördlichen Molise. Das 2003 beschlossene Reglement der kontrollierten Ursprungsbezeichnung Molise schließt die unterschiedlichsten Olivensorten ein: Gentile di Larina, schwarze Colletorto-Oliven, Aurina aus Venafro, Leccino – sortenrein oder gemischt zu 80 Prozent vertreten – und Rosciola, Olivastro, Sperone di Gallo, Paesana Bianca – zu 20 Prozent sortenrein oder gemischt. Der Ertrag bei sortenreinem Anbau darf 120 Zentner pro Hektar nicht übersteigen, während es bei traditionellem Anbau bis zu 60 Zentner pro Hektar sein dürfen. In dem Reglement sind auch die Entfernung der Bäume zueinander, die Formen der Aufzucht und die Bewässerungssysteme festgeschrieben, die gemeinsam mit den günstigen klimatischen Bedingungen bei Ernte zur richtigen Zeit dem Olivenöl D.O.P. aus dem Molise Charakter, Qualität und Unverwechselbarkeit verleihen.

OSTERIA

Osteria dentro le Mura
Slow Food

VIGNA SAN

Polpetti in purgatorio
Pikante Moschuskraken
FÜR 4 PERSONEN

8 kleinere bis mittlere Moschuskraken
Olivenöl extra vergine
2 Zwiebeln
½ scharfe Chilischote
1 Glas trockener Weißwein
Salz
Weißbrotscheiben
Zubereitungszeit: 1 ¼ Stunden

Die Moschuskraken ausnehmen, Augen und Schnabel sowie den Tintenbeutel entfernen. Die Kraken waschen und trockentupfen.
In einem Schmortopf etwas Öl erhitzen und die in Ringe geschnittenen Zwiebeln sowie die halbe Chilischote darin anbraten. Die Moschuskraken dazugeben, anbraten und mit dem Weißwein ablöschen. Die Temperatur reduzieren und die Moschuskraken zugedeckt etwa 40 Minuten köcheln lassen; ab und zu kontrollieren, ob sie nicht zu trocken werden.
Mit Salz abschmecken und in einer Terrine mit etwas Öl beträufelt servieren. Dazu geröstetes Brot reichen.

Minestra di cicale e cicoria campestre
Suppe mit Heuschreckenkrebsen und wilder Zichorie
FÜR 4 PERSONEN

einige Fischköpfe und -karkassen
2 Knoblauchzehen
1 Bund glatte Petersilie
3 EL Olivenöl extra vergine
Salz
1 kg wilde Zichorie
400 g Kirschtomaten
½ grüne Paprikaschote
12 mittelgroße Heuschreckenkrebse
Zubereitungszeit: 1 Stunde

Zuerst einen Fischfond zubereiten. Dazu die Fischköpfe und -karkassen in einen Topf geben und mit kaltem Wasser bedecken. Eine Knoblauchzehe, die Petersilie, 1 EL Öl und Salz hinzufügen und etwa 30 Minuten kochen. Dann abseihen und den Fond beiseitestellen.
Die wilde Zichorie waschen, blanchieren, abtropfen lassen und beiseitestellen.
Die zweite Knoblauchzehe hacken und im restlichen Öl anbraten. Die Kirschtomaten und die Paprikaschote ebenfalls fein hacken und dazugeben. Zwei Schöpfkellen Fischfond angießen und 10 Minuten bei mittlerer Temperatur köcheln lassen. Die Heuschreckenkrebse hineingeben und zugedeckt 5 Minuten weiter garen. Die wilde Zichorie dazugeben und noch einige Minuten ziehen lassen.
Die Suppe nach Belieben mit geröstetem Brot servieren.

Abbildung auf der gegenüberliegenden Seite

Alici alla Zena Zuena
Sardellen „Zena Zuena"
FÜR 4 PERSONEN

500 g Sardellen
4 mittelgroße gelbfleischige Kartoffeln
5 Basilikumblätter, mehr zum Garnieren
100 ml Milch
Olivenöl extra vergine
2–3 EL geriebener Parmesan
Hartweizenmehl zum Wälzen
Pflanzenöl zum Frittieren
Zubereitungszeit: 1 Stunde

Die Sardellen ausnehmen und die Köpfe entfernen, waschen und auf einem Geschirrtuch trocknen lassen. Die geschälten Kartoffeln weich garen, abseihen und im Topf zerdrücken. Das Basilikum mit der Milch pürieren und die Mischung zu den Kartoffeln geben. Etwas Olivenöl und den geriebenen Parmesan hinzufügen. Alles im Topf bei niedriger Temperatur zu einer glatten Masse verrühren. Vom Herd nehmen und warm stellen.
Die Sardellen in Hartweizenmehl wälzen und in heißem Öl frittieren.
Das Kartoffel-Basilikum-Püree mit einem Vorspeisenring zu einem Törtchen formen und darauf die Sardellen anrichten; mit Basilikum garnieren und sofort servieren.

Seppie ripiene
Gefüllte Tintenfische

FÜR 4 PERSONEN

4 mittelgroße Sepien (Tintenfische)
200 g Krume von altbackenem Brot, gerieben
2 Eier
200 g Parmesan, gerieben
1 Bund glatte Petersilie
Olivenöl extra vergine
1 Knoblauchzehe
1 Glas trockener Weißwein
500 ml passierte Tomaten
Zubereitungszeit: 1 ¼ Stunden

Die Tintenfische säubern, Tintenbeutel, Schnabel und Augen entfernen, aber den Rückenschild belassen, auf dem später die Füllung aufgehäuft wird.
Für die Füllung die Brotkrume mit den Eiern, dem Parmesan, der gehackten Petersilie und etwa 1 EL Olivenöl vermengen. Die Mischung sollte weder zu trocken noch zu flüssig werden. Die Tintenfische damit füllen und mit Zahnstochern verschließen.
Ein Glas Olivenöl in einem Schmortopf erhitzen und darin den gehackten Knoblauch anbraten. Die Tintenfische hineingeben, kurz anbraten, mit dem Wein ablöschen und die passierten Tomaten hinzufügen. Zugedeckt etwa 40 Minuten bei niedriger Temperatur köcheln lassen.
Die Sauce nach Belieben mit selbst gemachten Nudeln servieren.

Torta Anna
Schokoladentorte „Anna"

FÜR 4–6 PERSONEN

200 g altbackenes Brot, gerieben
200 g extrafeiner Zucker
200 g Amaretti (oder ähnliches Gebäck)
200 g Tröpfchen aus dunkler Schokolade
2 Eier
200 ml Kochsahne
16 g Trockenhefe
Butter und Mehl für die Form
Zubereitungszeit: 50 Minuten

In einer Schüssel das geriebene Brot, den Zucker, die zerkrümelten Amaretti und die Schokoladentröpfchen mischen. Anschließend die Eier, die Kochsahne und die Trockenhefe dazugeben. Alles gut vermengen und zu einem lockeren Teig verarbeiten. In eine mit Butter ausgefettete und mit Mehl bestaubte (oder mit Backpapier ausgelegte) Tortenform füllen und im vorgeheizten Backofen bei 180 °C etwa 30 Minuten backen. Aus der Form lösen und abkühlen lassen.
Zu dieser Torte passt ausgezeichnet eine Englische Creme.

Angiolina

Via Passariello 2 – 84066 Pisciotta, Marina (Salerno) – Tel.: 0039-0974-973188

Fotos von **Davide Gallizio**
Texte von **Giancarlo Capacchione**

Das Angiolina wurde ursprünglich einmal eröffnet, um den Hunger der Eisenbahnarbeiter zu stillen. Über 50 Jahre hat die Osteria es geschafft, ihr hohes Niveau zu halten, mit immer neuen Ideen, ohne dabei die eigenen Traditionen zu verraten. Und Angiolina selbst steht heute mit 90 Jahren noch immer in der Küche, nimmt Sardellen aus und überwacht alles.

Inmitten einer charakteristischen Landschaft aus knorrigen Olivenbäumen und mit Blick auf das Meer hat sich Pisciotta mehr als andere Küstenorte des Cilento seinen ursprünglichen Charme bewahrt. Angiolinas Geschichte beginnt in den 1950er Jahren, als Dutzende Arbeiter in den Ort kamen, um die Eisenbahnstrecke der wichtigsten Nord-Süd-Verbindung des italienischen Stiefels mehrgleisig auszubauen.

Angiolina D'Alessandro, damals noch in der Landwirtschaft tätig, nutzte ihr angeborenes Talent als Köchin, um diesen Arbeitern etwas zu Essen anzubieten. Diese waren gleich so begeistert, dass sie ihr Lokal am Hafen kurzerhand zu ihrer Werkskantine machten. Da sich die Eisenbahnarbeiten über mehrere Jahre hinzogen, konnte sich die Osteria im Ort etablieren, sodass ihr Fortbestand auch für die Zeit danach gesichert war.
Seit der ersten Stunde waren Angiolinas Gerichte von der traditionellen Hausmannskost der Gegend geprägt. Frisch geerntetes Gemüse und Obst, Eingemachtes, kalt gepresstes Öl von den Oliven aus Pisciotta, der Fang der ortsansässigen Fischer – lauter Rohstoffe aus der unmittelbaren Umgebung, wenn nicht sogar aus dem heimischen Garten – kennzeichnen das Lokal ebenso wie die klassische Küche des Cilento. Vorratshaltung und nur mit dem zu kochen, was gerade Saison hat, sind Pflicht, wenn das Handelsnetz beschränkt ist. Heutzutage nennt sich das Lokalökonomie und ist ein angestrebtes Ziel. Nachdem die Arbeiten an der Eisenbahntrasse zu Ende gegangen waren, war Angiolinas Trattoria wie gesagt gut eingeführt und der Erfolg blieb. Glücklicherweise begann zeitgleich der Aufschwung des individuelleren und qualitativ hochwertigeren Tourismus und die örtlichen Traditionen und Gerichte waren auf einmal wieder gefragt. Rinaldo Merola, Angiolinas Sohn, erzählt, dass man in den 1960er Jahren, wenn Gäste Sonderwünsche hatten, einfach nur mit den Fischern sprechen musste. Die sind dann rausgefahren und haben im Meer so mühelos Fische gefangen, als holten sie sie aus einem Aquarium. Mit Zackenbarschen, Brassen und Hummern kehrten sie dann zurück, sogar in der gewünschten Größe. Als das Lokal dann zu Beginn der 1980er Jahre neue Räumlichkeiten mit Garten und Meerblick bezog, unterstützte Rinaldo seine Mutter in der Küche und eignete sich mit den Jahren ihre Techniken und ihr Wissen an. Je mehr er ein eigenes Gefühl für die Gerichte entwickelte, desto besser konnte er die Rezepte behutsam und im Einklang mit der Tradition erneuern.
Grundlage für diese Innovationen war sein profundes Wissen über die Rohstoffe, das er auch aus zahlreichen Besuchen in den Restaurants seiner Kollegen bezog. Und in diesem Wissen schlummerten zahlreiche Möglichkeiten für Neuerungen.
Es ist kein Zufall, dass auf der Speisekarte des Restaurants immer zwei Menüs stehen: eines aus traditionellen, aus erster Hand überlieferten Gerichten, eines moderner und dem sich ständig weiterentwickelnden Zeitgeschmack entgegenkommend. Doch stets steht Fisch aus heimischem Fang im Mittelpunkt, vor allem Sardellen, und die Gemüse aus dem heimischen Garten, die jeweils der Jahreszeit entsprechend auf den Tisch kommen. Wobei man bedenken muss, dass das Lokal den Winter über

geschlossen ist. Vertrauenswürdige Fischer, die an Frühlingsabenden im ruhigen Meer ihre Netze auswerfen – *menaide*-Stellnetze für den Fang von Sardellen, *coffe*-Netze für größere Fische wie Kuckucksknurrhahn und verschiedene Brassen –, und ein paar befreundete Taucher, die mal einen Zackenbarsch, mal eine Gelbschwanzmakrele mit der Harpune jagen, garantieren Ronaldo immer frische Produkte. Heute ist das Meer nicht mehr so fischreich wie früher und man weiß, dass man nehmen muss, was gefangen wird, aber der Slow-Food-Förderkreis für die *menaide*-Fischerei von Sardellen hat der kleinen Fischergemeinschaft von Pisciotta neue Impulse gegeben.
Am Herd wird Rinaldo inzwischen von dem jungen Italo unterstützt und über beide hat Mamma Angiolina, die mit ihren 90 Jahren immer noch in der Küche steht, stets ein wachsames Auge. Rinaldos Frau Ivana dagegen kümmert sich um Brot und Gebäck und den Service. Zu den traditionellen, immer wieder guten Gerichten zählen Vermicelli mit frischen Sardellen (mit Knoblauch, Olivenöl, Chilischote, Oregano, Kräutern und mit oder ohne Tomaten), Sardinen *'nghiappate* (sie werden mit Eiern und Ricotta gefüllt), Sardellentörtchen (die im Ofen mit entrindetem Brot, Petersilie, Knoblauch und Zitrone zubereitet werden) und die *cauraro* (eine Suppe aus Gemüse, Kartoffeln, Bohnen, wildem Fenchel und frischen Sardellen). Zu Rinaldos Eigenkreationen zählen Ricottagnocchi mit Kürbis-Tintenfisch-Creme, mit Fenchel gefüllte Ravioli, Meerbarbenfilets mit Gemüse und Kirschtomaten in Meerbarbensauce sowie Gemüsesuppe mit verschiedenen Meeresfrüchten. Wenn man hier in der schönen Osteria Platz nimmt, wird man nicht nur kompetent und höflich bedient, sondern man taucht direkt ein in einen Mikrokosmos, in dem die Zeit scheinbar stehen geblieben ist. Menschliche Beziehungen sind hier noch ehrlich und authentisch und Freude am Essen und an Geselligkeit kommt voll zum Zuge.

Foto: © Giuseppe Cucco

Alici di Menaica (Sardellen aus Netzfang)

Diese Sardellen werden an der Küste des Cilento im südlichsten Zipfel der Provinz Salerno zwischen Santa Maria di Castellabate und Marina di Camerota 3–5 Seemeilen vor der Küste gefangen. Die Fischer, die die Technik der *menaica* betreiben, legen meist in den Häfen von Pisciotta und Acciaroli (Pollica) an. Von April bis Juli fahren sie bei ruhiger See mit kleinen Booten in der Abenddämmerung hinaus. Sobald es richtig dunkel ist, wird dann im Schein der Schiffslaternen die *menaide* ausgelegt, ein Stellnetz, das auf einer Länge von 500–600 Metern 20 Meter tief ins Meer hinabgelassen wird. Die Sardellen verfangen sich mit ihren Köpfen darin und bei dem Versuch, sich zu befreien, verlieren sie einen Großteil ihres Bluts, was ihrem Fleisch einen zarten Geschmack verleiht. Das Netz wird dann langsam über eine Winde von Hand an Bord gehievt, die Sardellen werden einzeln herausgezogen und dabei werden gleichzeitig der Kopf und die Innereien entfernt. Das Besondere an dieser Fangtechnik ist, dass man damit nur die großen Sardellen fängt, kleinere Exemplare schlüpfen durch die Maschen. Die Fischer kommen spät in der Nacht mit ihrem Fang zurück, der in Holzkisten oder -fässern ohne Eis oder sonstige Kühlung transportiert wird. Sobald sie an Land kommen, werden die Sardellen sofort weiterverarbeitet. Sie werden zuerst in Salzlake gewaschen und dann in Tongefäßen abwechselnd mit Schichten von Meersalz aus Trapani eingelegt. In sogenannten *magazzeni*, kühlen und feuchten Lagerräumen, reifen die Sardellen mindestens drei Monate. Während dieser Zeit wird die entwichene Flüssigkeit aufgefüllt, damit die Sardellen nicht zu trocken werden.

Alici 'mbuttunate (ripiene)

Gefüllte Sardellen

FÜR 4 PERSONEN

16 große Sardellen
320 g Ricotta
40 g Cacioricotta (oder Grana Padano)
1 Ei
1 Bund glatte Petersilie
Salz und frisch gemahlener Pfeffer
Weizenmehl zum Wälzen
Olivenöl
Etwa 300 ml Tomatensauce
Zubereitungszeit: 45 Minuten

Die Sardellen waschen und entgräten. In einer Schüssel den Ricotta, den geriebenen Cacioricotta (oder Grana Padano) und das Ei verrühren, die gehackte Petersilie dazugeben und mit Salz und Pfeffer würzen. Acht Sardellen ausbreiten, die Käsemischung daraufstreichen und mit den restlichen Sardellen wie ein Sandwich bedecken. Alles in Mehl wälzen und 3 Minuten in heißem Öl frittieren. Herausheben und kurz abtropfen lassen.
Mit der heißen Tomatensauce übergießen und sofort servieren.

Tortino di alici

Sardellentörtchen

FÜR 4 PERSONEN

1 kg Sardellen
3–4 Knoblauchzehen
1 Bund glatte Petersilie
Olivenöl extra vergine
geriebenes Brot (ohne Rinde)
trockener Weißwein
Oregano
Salz und frisch gemahlener Pfeffer
Saft von 1 Zitrone
Zubereitungszeit: 1 ½ Stunden

Die Sardellen entgräten. Den Knoblauch und die Petersilie hacken. Kleine runde Formen mit Öl ausfetten, auf dem Boden etwas geriebenes Brot verteilen und mit ein wenig Wein beträufeln. Darauf eine Schicht Sardellen geben, mit Oregano, Salz und Pfeffer würzen und mit einer weiteren Schicht geriebenem Brot bedecken. Petersilie und Knoblauch darauf geben, noch einmal leicht mit Wein und etwas Öl beträufeln. Mit einer weiteren Schicht Brot und Sardellen ebenso verfahren.
Im vorgeheizten Backofen bei 180 °C backen, bis die Brotschicht goldbraun geröstet ist. Die Törtchen herausnehmen und mit etwas Zitronensaft beträufelt servieren.

Zuppa mediterranea

Mittelmeersuppe

FÜR 4 PERSONEN

400 g kleine Tintenfische
30 Miesmuscheln
30 Venusmuscheln
2 Knoblauchzehen
Olivenöl extra vergine
½ Glas trockener Weißwein
1 Lorbeerblatt
1 kleiner Zweig Rosmarin
3 Salbeiblätter
1 l Fischfond
½ Zwiebel
200 g Kirschtomaten
350 g Kartoffeln
200 g Schnittbohnen
je ½ rote und gelbe Paprikaschote
250 g Zucchini
250 g Auberginen
Salz
1 Glas Gemüsebrühe
10 Basilikumblätter
Oregano
frisch gemahlener Pfeffer
Zubereitungszeit: 2 ½ Stunden

Die Tintenfische und die Muscheln waschen, die Muscheln bei Bedarf abbürsten. Eine Knoblauchzehe in 2 EL Öl anbraten, herausnehmen und die Tintenfische kurz darin anbraten. Mit dem Wein ablöschen. Lorbeer, Rosmarin, Salbeiblätter und den Fischfond dazugeben und aufkochen, dann die Tintenfische in etwa 30 Minuten weich garen. Nun die Miesmuscheln und die Venusmuscheln hinzufügen und garen, bis sie sich öffnen. (Muscheln, die sich nicht öffnen, entfernen!)

In einer großen Pfanne die zweite Knoblauchzehe in 4 EL Öl goldbraun rösten, dann herausnehmen. Zunächst die in feine Ringe geschnittene Zwiebel im aromatisierten Öl bei niedriger Temperatur anbraten, dann die halbierten und von den Samen befreiten Kirschtomaten dazugeben und ein paar Minuten anbraten. Schließlich nacheinander die in kleine Stücke geschnittenen Gemüse im Abstand von 2 Minuten in dieser Reihenfolge hinzufügen: Kartoffeln, grüne Bohnen/Schnittbohnen, Paprikaschoten und zuletzt Zucchini und Auberginen. Salzen, die Gemüsebrühe dazugeben und etwa 10 Minuten kochen. Das Gemüse mit der Brühe zu den Muscheln geben, mit dem Basilikum, einem Hauch Oregano und einer Prise Pfeffer würzen und weitere 3 Minuten kochen. Die Suppe heiß servieren.

Risotto con scampi e friarelli

Scampi-Paprika-Risotto

FÜR 4 PERSONEN

500 g Scampi
8 *friarelli* (kleine grüne Paprikaschoten)
4 frische Perlzwiebeln
1 Knoblauchzehe
4 Kirschtomaten
Olivenöl extra vergine
400 g Reis
1 kleines Glas Brandy
einige Schöpfkellen Fisch- oder Meeresfrüchtefond
einige Safranfäden
Salz und frisch gemahlener Pfeffer
125 g Joghurt
Zubereitungszeit: 45 Minuten

Die Scampi entdarmen, in der Schale belassen und halbieren. Die *friarelli* (das sind kleine, milde grüne Paprikaschoten aus Kampanien, auch als *friggitelli* bekannt) waschen, von Stielansatz, Samen und Scheidewänden befreien und in dünne Scheiben schneiden. Die fein gehackten Perlzwiebeln, den gehackten Knoblauch und die im Ganzen belassenen Kirschtomaten in einer großen Pfanne mit niedrigem Rand in etwas Öl etwa 10 Minuten braten. Dann die Scampi und die Paprikastücke dazugeben und einige Minuten bei mittlerer Temperatur mitbraten. Den gewaschenen und abgetropften Reis unterrühren und ein paar Minuten rösten, bis die Körner glasig werden. Mit dem Brandy ablöschen und den heißen Fisch- oder Meeresfrüchtefond hinzufügen. Garen lassen, bis der Reis weich ist. Inzwischen den Safran in wenig Fond auflösen, wenig Salz und Pfeffer dazugeben und diese Mischung kurz vor Ende der Garzeit unter den Risotto rühren. Den Risotto vom Herd nehmen und den Joghurt untermischen.

Croccante con crema di ricotta di bufala al limone

Schokoladenkrokant mit Zitronen-Büffelricotta-Creme

FÜR 6 PERSONEN

Für den Schokoladenkrokant
60 g dunkle Schokolade
30 g Getreideflocken
gehackte Mandeln und Haselnüsse
Für die Zitronen-Büffelricotta-Creme
250 g Büffelricotta
50 g Puderzucker
abgeriebene Schale von ½ Bio-Zitrone
2 Blätter Gelatine
4 EL Süßwein
100 ml geschlagene Sahne
Außerdem
karamellisierte Orangenscheiben und Zitronenzesten
Zubereitungszeit: 50 Minuten plus Ruhezeit

Für den Schokoladenkrokant die Schokolade schmelzen, die Getreideflocken dazugeben und unterrühren. Je etwa 1 EL davon in sechs Förmchen (6 cm Ø) füllen und mit den gehackten Mandeln und Haselnüssen bestreuen. Für 15 Minuten in den Kühlschrank stellen. Für die Creme den Ricotta mit dem Puderzucker und der Zitronenschale verrühren.
Die Gelatine in kaltem Wasser einweichen, dann ausdrücken. Den Wein leicht erhitzen und die Gelatine einrühren, bis sie sich aufgelöst hat. Diese Mischung unter den Ricotta rühren. Die steif geschlagene Sahne sorgfältig unterheben, bis eine weiche Creme ohne Klumpen entsteht.
Das Dessert zum Servieren zusammenstellen. Dazu die Ricottacreme auf dem Schokoladenkrokant verteilen und mit karamellisierten Orangenscheiben und Zitronenzesten garnieren. Für mindestens 4 Stunden im Kühlschrank gelieren lassen.

dal 1924
'e curti
dal 1924
'e curti

'E Curti

Via Padre Michele Abete 6 – 80048 Sant'Anastasia (Neapel) – Tel.: 0039-081-8972821

Fotos von **Davide Gallizio**
Texte von **Vito Trotta**

Die Geschichte der Osteria 'E Curti könnte man glatt für erfunden halten: In den 1950er Jahren erbten die Gebrüder Ceriello, die als „Liliputaner" mit einem Zirkus durch ganz Italien tourten, von einem entfernten Verwandten das Lokal. Angelina, ihre Nichte, serviert auch 50 Jahre danach mit Liebe und Können zubereitete Gerichte aus der traditionellen regionalen Küche.

Wenn man Carmine und Angela – alle nennen sie nur Angelina – in die Augen sieht, kann man darin sofort Stolz und Freude lesen. Durch sie hat die ganze Welt Sant'Anastasia kennengelernt, diesen kleinen Ort im Nationalpark zu Füßen des Vesuv, auf der Seite des Monte Somma, in einer historisch wie landschaftlich einzigartigen Umgebung gelegen.

An den Hängen des Vesuvs werden die berühmten Vesuv-Tomaten (Slow-Food-Förderkreis) gezüchtet, die dann zu hübschen Dolden – den sogenannten *piennoli* – gebunden werden. Die Osteria ist nach dem Wort *curti* (die Kurzen) benannt, womit man im neapolitanischen Dialekt Leute bezeichnet, die kleiner als normal sind. Wenn Angelina über ihr Lokal spricht, dann beginnt sie bei Antonio und Luigi Ceriello, die als „Liliputaner" zunächst mit einem Zirkus durch ganz Italien gereist waren, ehe sie Anfang der 1950er Jahre dieses Landgasthaus erbten. Einige Jahrzehnte zuvor war es von einem ihrer Vorfahren, einem ehemaligen Mönch, eröffnet worden, als dieser die Mönchskutte gegen die Küchenschürze eintauschte, um Gottes Schöpfung nun durch seine Kochkünste zu preisen.
Angelina steht in der kleinen Küche und erzählt. Hier steht noch die alte Waage mit den zwei Waagschalen und ganz wie in der guten alten Zeit hängen an den Wänden die Kupfertöpfe neben den *'nserte,* den Knoblauch- und Zwiebelzöpfen, und den Kräutern. Sie ist eine echte Zeitzeugin, die ihre Kinder noch mit einfachen, traditionellen Gerichten großzog statt mit fertigem Babybrei, so zum Beispiel einfaches Brot, das man in das Bohnenkochwasser tunkte und mit etwas nativem Olivenöl beträufelte, oder geriebener Apfel. Und sie kann auch davon erzählen, wie sich nach den Lebensmittelskandalen wegen BSE und Blauzungenkrankheit die Gäste wieder den traditionellen Gemüsegerichten zuwandten. Tradition ist auch nach Jahren der Erfahrung und Erfolge ein gelebtes Mantra in den Gerichten und in der Osteria, wo sich neben der beständigen Qualität auch die ursprüngliche Gastfreundschaft gehalten hat, die dieses Lokal auszeichnet.
Immer mal wieder schaut auch Assunta zur Küchentür herein, die 80-jährige Schwester der *curti.* Und für die Fortsetzung der Erfolgsgeschichte sorgen Angelinas Kinder Enzo und Sofia mit dem Schwiegersohn Roberto, einem Sommelier aus Leidenschaft. Obst und Gemüse kommen aus den nahegelegenen Gärten am Vesuv, die durch die Vulkanerde besonders fruchtbar sind, Stockfisch wird im Nachbarort Somma Vesuviana und Lamm in Irpinia gekauft. Die getrockneten Weinbeeren der Sorte Catalanesca und die Piennolo-Tomaten vom Vesuv sind unverzichtbare Zutaten für *'o sicchje ra munnezza,* die Spezialität des Hauses: dicke Spaghetti aus Gragnano mit Oliven, Walnüssen, Haselnüssen, getrockneten Weinbeeren und den kleinen Piennolo-Tomaten, eigentlich ein typisches Resteverwertungsgericht für das, was vom Weihnachtsmahl übrig blieb. Aber auch alle anderen Gerichte auf der Speisekarte kommen aus der Region am Fuße des Vesuvs: von den Bucatini mit Lammsauce bis hin zur *minestra maritata*, diesem deftigen Eintopf, bei dem die verschiedenen Gemüse (wie Endivie, Chicorée und Borretsch) eine wunderbare Verbindung mit dem Fleisch eingehen.

Auch wenn sich die Zeiten geändert haben – hier werden noch für den modernen Gaumen ungewohnte, traditionelle Gerichte angeboten, die umso aufwendiger in der Zubereitung sind. So zum Beispiel die *zuppa di soffritto* oder *zuppa forte* mit Schweineinnereien, deren intensiven Geschmack kundige Gaumen zu schätzen wissen, oder die *'ntruglietielli* oder *stentenielli*, um Petersilie oder einen Selleriestängel gewickelte Lammdärme, die mit Pecorino überbacken und zusammen mit Kartoffeln aus dem Ofen vor allem von den Stammgästen geliebt werden. Auch Stockfisch in vielerlei Varianten gehört zum Küchenrepertoire der Vesuvregion, hier sei nur *coroniello* genannt, das beste Stück vom getrockneten Heilbutt, das man hier *arreganato*, mit einer scharf-süßlichen Tomatensauce aus dem Ofen, serviert. Wenn die entsprechenden Zutaten Saison haben, werden Suppe aus den sogenannten Totenzahn-Bohnen aus Acerra (Slow-Food-Förderkreis) und die ebenso feinen wie köstlichen Stockschwämmchen zubereitet. Zum gelungenen Abschluss eines traditionellen Menüs gehört natürlich noch ein köstliches hausgemachtes Dessert wie ein *pasticciotto*, ein mit Konditorcreme gefülltes Törtchen, und ein kräftiger Nocillo aus der angeschlossenen Brennerei.

Nur widerwillig verlässt man den schlichten Gastraum mit 40 Plätzen, und während man durch die engen Gässchen des historischen Ortskerns flaniert, trägt man noch die unvergesslichen Eindrücke im Herzen: Diese Ecke von Kampanien wird Sie überraschen!

Angelina
La Madonna di Fatima benedica e protegga Angelina e la sua famiglia!

RISTORANTE TIPICO
'e curti

AVE
MARIA

Foto: © Alberto Peroli

Fagiolo dente di morto (Totenzahn-Bohne) aus Acerra

Kanonikus Andrea Sarnataro, der von 1736–1771 eine Chronik der täglichen Ereignisse in Acerra führte, erwähnt darin öfter die weißen Cannellini-Bohnen, da man sonst eher *mostrati* (so hießen im Dialekt die Augenbohnen) anbaute. Der Anbau dieser Bohnensorte auf den Feldern um Acerra ist in mehreren historischen Quellen über die Stadt beschrieben worden. Die interessanteste stammt aus dem 1931 vom italienischen Touring Club veröffentlichten Gastronomischen Führer Italiens. Dort werden die Bohnen als Spezialität aus Acerra beschrieben, die damals sogar nach Amerika exportiert wurde. Der makabre Name der Bohne rührt von ihrer weißlichen Farbe her, die tatsächlich der der Zähne von Toten gleicht. Vom Anfang des vorigen Jahrhunderts bis in die 1970er Jahre stellte der Handel mit diesen Bohnen einen wichtigen Wirtschaftszweig der Region dar. Es handelt sich um Buschbohnen, nicht um Stangenbohnen, deren Schoten tiefgrün sind und die traditionell im April und Juli ausgesät werden, damit man zweimal im Jahr ernten kann. Und sie werden umweltverträglich angebaut. SIe haben eine weiche Schale, die man kaum auf der Zunge spürt, und dadurch eine sehr kurze Kochzeit. Durch ihre Zartheit und den intensiven Geschmack sind sie zu einer typischen Zutat der neapoletanischen Küche geworden: besonders im traditionellen Nudelgericht mit Bohnen und in vielen Eintöpfen. In den letzten Jahrzehnten ist der Anbau dieser Bohnen drastisch zurückgegangen und sie wurden fast nur noch von Hobbygärtnern gesät, bis ein Hilfsprogramm der Region Kampanien für den Anbau vergessener, autochthoner Gemüsesorten sich um den Erhalt dieser Bohnenart kümmerte. Heute wird sie wieder von einem kleinen Kreis Produzenten, die dem Slow-Food-Förderkreis angehören, kultiviert.

Porritiello Rame
dal 1934

a.d. MMIX

'Ntrugliatielli al forno con patate
Lammdarmwickel mit Kartoffeln aus dem Ofen

FÜR 4 PERSONEN

4 Därme vom Milchlamm
4 Stangen Sellerie
1 kg mittelgroße bis große Kartoffeln
Salz und frisch gemahlener Pfeffer
Olivenöl extra vergine
10 Kirschtomaten
1 Handvoll geriebener Pecorino
Zubereitungszeit: 2 Stunden

Mit einer Schere die Därme aufschneiden und mit warmem Wasser innen und außen gut waschen. Abtropfen lassen, um die Selleriestangen wickeln und etwa 30 Minuten kochen.
Inzwischen die Kartoffeln schälen und jeweils in sechs Stücke schneiden.
Die gekochten und abgetropften Lammdarmwickel salzen und pfeffern und in einem Bräter kurz in Öl anbraten. Die Kartoffelstücke und die Kirschtomaten hinzufügen, erneut salzen und pfeffern und den Pecorino darüberstreuen. Ein Glas Wasser angießen, das Gericht mit etwas Öl beträufeln und bei 180 °C etwa 30 Minuten im Ofen überbacken.
Sehr heiß servieren.

'O sicchje ra munnezza
Spaghetti mit Nüssen und Tomaten

FÜR 8 PERSONEN

800 g Spaghetti, Salz
70 g Walnüsse
70 g Haselnüsse
8 schwarze Oliven
1 Handvoll glatte Petersilie
Olivenöl extra vergine
1 Knoblauchzehe
16 Pinienkerne
10 getrocknete Weinbeeren, in lauwarmem Wasser eingeweicht
18 in Salz eingelegte Kapern, gewässert
500 g Piennoli-Tomaten (Datteltomaten; Förderkreis Slow Food)
1 Prise getrockneter Oregano
frisch gemahlener Pfeffer
Zubereitungszeit: 30 Minuten

Die Nudeln in kochendem Salzwasser bissfest garen. Inzwischen für die Sauce die Wal- und Haselnüsse aufbrechen und die Kerne hacken, die Oliven entsteinen und die Petersilie hacken.
In einer Pfanne etwas Öl erhitzen, die geschälte und leicht mit der Hand zerdrückte Knoblauchzehe darin langsam goldbraun anbraten. Die Walnüsse, Haselnüsse und Pinienkerne, die ausgedrückten Weinbeeren und die Kapern dazugeben und ein paar Minuten mitbraten. Die Tomaten von den Samen befreien, hacken und in die Pfanne geben. Mäßig salzen und 4–5 Minuten mitbraten. Zuletzt die entsteinten Oliven, die Petersilie und das Oregano hinzufügen. Alles gut durchmischen, mit Salz und Pfeffer abschmecken. Zugedeckt auf dem ausgeschalteten Herd noch einige Minuten ziehen lassen.
Sobald die Nudeln al dente gekocht sind, abseihen, in eine große Pfanne geben und mit der Sauce mischen. Beim Servieren darauf achten, dass die Sauce gleichmäßig verteilt ist.

Abbildung auf der gegenüberliegenden Seite

Stoccafisso alla vesuviana
Stockfisch mit Tomaten

FÜR 4 PERSONEN

900 g Stockfischfilet
2 Knoblauchzehen
4 EL Olivenöl extra vergine
500 g Kirschtomaten
Salz
1 Bund glatte Petersilie
8 schwarze Oliven
12 Kapern
getrockneter Oregano
Zubereitungszeit: 1 Stunde

Den Stockfisch in Stücke schneiden. Den gehackten Knoblauch im heißen Olivenöl anbraten, die Kirschtomaten hinzufügen und salzen. Etwa 10 Minuten köcheln lassen. Dann die gehackte Petersilie, die entsteinten Oliven, die Kapern, etwas Oregano und die Stockfischstücke dazugeben. Etwa 35 Minuten bei mäßiger Temperatur schmoren lassen.

Fagioli con funghi di pioppo
Cannellini-Bohnen mit Stockschwämmchen

FÜR 4 PERSONEN

500 g frische Cannellini-Bohnen
250 g Stockschwämmchen
1 Zwiebel
6 EL Olivenöl extra vergine
150 g Kirschtomaten
Salz und frisch gemahlener Pfeffer
1 Bund glatte Petersilie
einige Basilikumblätter
Chilischote
Zubereitungszeit: 1 ½ Stunden plus Ruhezeit

Die Bohnen gründlich waschen und in reichlich Salzwasser zum Kochen bringen, vom Herd nehmen und 30 Minuten ziehen lassen. Danach 1 weitere Stunde kochen, abseihen und etwas Kochwasser aufbewahren. Die Pilze putzen, waschen und ohne sie abtropfen zu lassen in einem Topf 10 Minuten garen. In einem Sieb abtropfen lassen.
In einer großen Pfanne die grob gehackte Zwiebel im heißen Öl anbraten und wieder herausnehmen. Die Pilze hineingeben und kurz ziehen lassen. Dann die Kirschtomaten hinzufügen und etwa 7 Minuten mitbraten. Die Bohnen mit etwas Kochwasser dazugeben, salzen, pfeffern und weitere 3 Minuten garen.
Vom Herd nehmen, die Petersilie, das Basilikum und die Chilischote waschen, fein hacken und hinzufügen. Einige Minuten ziehen lassen.

Totani ripieni
Gefüllte Pfeilkalmare

FÜR 4 PERSONEN

16 kleine Pfeilkalmare
2 Kugeln Büffelmozzarella
1 Bund glatte Petersilie
2 gehäufte EL geriebener Pecorino
Salz und frisch gemahlener schwarzer Pfeffer
Olivenöl extra vergine
Zubereitungszeit: 40 Minuten

Die Pfeilkalmare putzen, die Augen entfernen und die Tuben leeren, aber im Ganzen belassen.
Den Mozzarella und die Petersilie hacken. Beides in einer Schüssel mit dem Pecorino, etwas Salz und Pfeffer und so viel Olivenöl vermengen, dass eine weiche Masse entsteht. Die Tuben der Pfeilkalmare damit füllen, die Fangarme darüberklappen und diese „natürlichen Verschlüsse" mit Zahnstochern fixieren. Die Pfeilkalmare zusammen mit etwas Öl in eine Pfanne geben und zugedeckt 15–20 Minuten bei mittlerer Temperatur braten.
Ab und zu kontrollieren, ob die Pfeilkalmare nicht zu sehr austrocknen; bei Bedarf etwas warmes Wasser angießen. Die fertig gegarten Kalmare sparsam salzen und servieren.

Dolce di ricotta
Ricottadessert

FÜR 8 PERSONEN

500 g Ricotta
700 g extrafeiner Zucker
½ Likörglas Limoncello
Saft von 1 Zitrone
11 Eier plus 4 Eigelb
500 ml Milch
200 g Weizenmehl
20 trockene Kekse
2 EL Olivenöl extra vergine
Zubereitungszeit: 1 Stunde

In einer Schüssel den Ricotta und 500 g Zucker vermengen. Limoncello und Zitronensaft dazugeben und die elf Eier mit einem Schneebesen unterrühren. In einem Topf Milch, Mehl, den restlichen Zucker und das Eigelb vermengen. Unter ständigem Rühren aufkochen, bis die Creme eine gewisse Festigkeit erlangt.
Die Kekse zerkrümeln und auf dem Boden einer mit dem Öl ausgefetteten Form verteilen. Die Ricottamasse und die Milchcreme vermengen und in die Form geben. Im vorgeheizten Backofen bei mäßiger Temperatur etwa 35 Minuten backen.
Vor dem Servieren abkühlen lassen.

FONDATO NEL 1924

NELL'ORTO...
7 AGOSTO 2013
ORTAGGI
·MELANZANE
·ZUCCHINE
·POMODORI BARLETTA
·POMODORI GALATINA
·PEPERONI
·PEPERONCINI
·BASILICO BARI
·BASILICO GENOVA
·FIORI DI ZUCCA
·CIME DI ZUCCHINE
·PREZZEMOLO
·BIETOLA
·FAGIOLINI NOSTRANI
·CAROSELLI
·ZUCCHE GIALLE
FRUTTA
ERBE SPONTANEE
·CRISPINO
·RUCOLA
·PORTULACA
PROFUMI
·MENTA
·ROSMARINO
·TIMO
·SALVIA
·MAGGIORANA
·ORIGANO
AGLIO E CIPOLLE
GIÀ
RACCOLTE

Antichi Sapori

Piazza Sant'Isidoro 10 – 76123 Andria (Montegrosso) – Tel.: 0039-0883-569529

Fotos von **Davide Gallizio**
Texte von **Antonio Attorre**

Pietro Zito hat nicht nur ein kleines Wunder erschaffen, sondern gleich mehrere. Neben der Osteria Antichi Sapori sind es ein Gemüsegarten, etliche Initiativen, die auf die Geschmackserziehung der ganz Kleinen abzielen, und eine unvergessliche Küche mit alten, fast vergessenen Aromen, wie zu Beispiel dem Grano Arso, dem gerösteten Hartweizen.

„Die Geschichte, das sind wir, wir sind dieses Getreidegericht." Diese Zeile aus einem Lied von Francesco De Gregori kommt einem sofort in den Sinn, wenn man betrachtet, was Pietro Zito auf den Tisch bringt. Dies gilt ganz besonders für eine seiner Wiederentdeckungen, dem *grano arso*, aus dem Nudeln und Brot zubereitet werden. Hier wird „aus der Not eine Tugend gemacht", wie es eben in der alltäglichen Ernährung der Bauern- und Tagelöhnerfamilien die Regel war.

Als auf dem Land das Getreide noch mit der Sichel geerntet wurde, war der Tag der Ernte nicht nur harte Arbeit, sondern gleichzeitig ein Festtag. Und das obwohl das eigentliche Fest für die Bauern bloß aus den kurzen Pausen zum Essen und Erholen von der Arbeit bestand, während für die Gutsherren der Verkauf des Getreides einen schönen Ertrag versprach. Nach der Ernte fackelten die Bauern die Stoppeln ab, um den Boden fruchtbarer zu machen. Danach sammelten sie sorgfältig die liegen gebliebenen, vom Feuer angesengten Ähren ein und machten aus diesen so gerösteten Körnern ein dunkles Mehl, mit dem sie ein ebenso dunkles Brot zubereiteten. Heute stellt Pietro Zito wieder Focaccia und Nudeln daraus her („normales Brot wird zu hart"), die er zusammen mit seinen anderen Produkten wie dem *coratina*-Olivenöl extra vergine und den *taralli*-Brotkringeln in der Region und in ganz Italien vertreibt.

Er erinnert sich daran, dass die Geschichte des Antichi Sapori 1991 begann. Dieser rauchige Geschmack, der untrennbar mit seiner Kindheit in diesem Bauerndorf verbunden ist, hat ihn quasi gerufen und er wollte dieses Geschmackserlebnis von damals nicht nur selbst wieder nachvollziehen, sondern vor allem all jenen bieten, die sich wie er noch daran erinnern. Und natürlich auch denen das Erlebnis schenken, die gar keine Erinnerung daran haben können.

Charakteristisch für die Landschaft der Alta Murgia sind die felsigen Hochebenen, die Bauernhöfe, die historischen Triftwege der Wanderweidewirtschaft und die reiche Vegetation: eine Vielzahl von Kräutern und Wildgemüsen, von denen die meisten essbar sind, mit ursprünglichem Geschmack und ungewöhnlichen Namen. Diese Kräuter und Wildgemüse bilden für Pietro – der übrigens im August 2013 mit ein paar jungen Köchen, die über ein Jahr bei ihm gelernt haben, eine Filiale des Antichi Sapori in Tokio eröffnet hat – die Grundlage seiner Küche. Sie entspricht dem Zeitgeist, weil sie auf guten Rohstoffen und der Konzentration auf das Wesentliche beruht. Enrico Alliata, Herzog von Salaparuta, bezeichnete in seinem berühmten Kochbuch die von ihm gesammelten Rezepte als „Formeln für einen Lebensstil, der als der vernünftigste für ein gutes Gedeihen des menschlichen Körpers gilt". Sie sind ein Beweis, dass man schon im 19. Jahrhundert der industriellen Lebensmittelproduktion und dem verlorenen Wissen über Ernährung kritisch gegenüberstand, und eine Aufforderung, das grundlegende Bewusstsein für unseren Körper wiederzufinden.

Auf den anderthalb Hektar Land, das sich an das Lokal anschließt und das Pietro Zito als „meinen Gemüsegarten" bezeichnet, haben er und sein Vater verschiedene alte, bereits vergessene Kulturpflanzen angebaut, woraus sich inzwischen ein ganzes Pro-

Pietro
Nicola

Antichi Sapori
Montegrosso

gramm mit pädagogischem Anspruch entwickelt hat: Die Gäste dürfen das Gemüse für ihre Gerichte selbst sammeln. Es kommt pflückfrisch, ohne Umweg über den Kühlschrank, auf den Teller. Sie können aber auch eine Reihe Galatino-Tomaten oder schwarze oder grüne Bohnen „adoptieren“ und bis zur Ernte betreuen, sodass sie ihre Sonntage mit den Kindern einmal ganz anders gestalten.

Dies soll eine Antwort für die Leute sein, die die Bio-Küche oder die Suche nach alten Aromen und Produkten als überholt und verklärende Nostalgie abtun und dabei die erzieherische Dimension neben dem Genussaspekt vollkommen übersehen. Auch die heftigsten Kritiker von biologischer Landwirtschaft und mediterraner Schlichtheit müssen zumindest anerkennen, dass die Verwendung von Kräutern und Wildgemüsen bei einem großen Koch wie Zito keineswegs überholt, sondern hochmodern ist: So kann man mit ihnen zum Beispiel die Zubereitung von jahrhundertealten Gemüserezepten modernisieren und Fette und übermäßige Würzung reduzieren.

Übrigens haben wir Zito ganz bewusst als Koch bezeichnet, denn hier geht es weniger um seine Rolle als Küchenchef, sondern um das Handwerk, die Küchenchemie und die Experimentierfreude. Außerdem hatten wir den Eindruck, dass Pietro Zito selbst lieber nicht als Spitzen-Küchenchef verstanden werden möchte. Wir wollen sein Motto „In die Küche zu gehen ist nicht verboten“ als Einladung verstehen, in seine Töpfe zu schauen und die Trennung zwischen Gastraum und Küche aufzuheben – die es im Übrigen seit der Renovierung von 2005 in seiner Osteria nicht mehr gibt. Die neue, einsehbare Küche ist größer als der Gastraum und soll so jeden, der möchte, einladen, am Kocherlebnis teilzunehmen. Sie ist alles andere als heiliger Tempel des Showkochens.

Pietro
Zito

Das traditionelle Brot aus der Alta Murgia (Apulien)

Auf der Hochebene Alta Murgia gehören die traditionellen Steinöfen noch heute zum Landschaftsbild: Sie wurden im 19. Jahrhundert gebaut und sind erkennbar an ihren typischen hohen Abzugshauben, den Schiebern mit dem sehr langen Stiel und einem Fassungsvermögen von mehr als 300 Kilogramm Teig. Die Grundzutat zu diesem wunderbaren Brot ist Hartweizengrieß, der aus dem zu Bari gehörigen Teil der Hochebene kommt. Dieser wird mit einer Mutterhefe für Sauerteig, lauwarmem Wasser und Meersalz vermengt. Wenn man alles zu einem glatten Teig verknetet hat, lässt man ihn unter einem Baumwolltuch drei bis vier Stunden gehen. Nun wird der Teig weiterverarbeitet, zum gewünschten Gewicht portioniert und muss noch einmal eine Stunde gehen. Danach wird der Brotteig üblicherweise nur noch einmal rundum kreisrund eingeschnitten. Schließlich werden die Laibe im Holzkohleofen bei 200–300 °C etwa 90 Minuten gebacken.

Das Brot aus der Alta Murgia ist leicht an seiner Form zu erkennen, denn es sieht aus wie ein breitkrempiger Hut. Und natürlich an seiner goldbraunen Kruste. In der Regel wiegen die Brote ein Kilogramm, aber es sind auch schwerere Laibe erhältlich. Typisch sind die Röstnoten (manchmal riecht es sogar wie Kaffee); die Krume ist weich und zart im Mund, wenn das Brot frisch ist, und es ist selbst nach einigen Tagen zwar etwas fester, aber immer noch gut zu kauen. Am Ende einer Verkostung nimmt man oft Vanillearomen wahr. Der Slow-Food-Förderkreis für das Brot der Alta Murgia beginnt mit der Unterstützung bereits bei den Rohstoffen: Der Hartweizen wird in fünf Gemeinden der nordwestlichen Alta Murgia angebaut und weiterverarbeitet. Entscheidend für das Gütesiegel ist auch der Ofen, der ausschließlich mit Eichenholz angeheizt werden darf. Um eine gleichbleibende Qualität und Transparenz in der Produktion zu garantieren, wurde ein strenges Regelwerk erarbeitet. Zusätzlich werden die Landwirte in der Gegend, die Hartweizen anbauen, sowie die Mühlen, die diesen verarbeiten, genau dokumentiert.

Antichi Sapori

Minestra verde
Grüne Suppe
FÜR 4 PERSONEN

800 g verschiedene Fleischsorten (Rindfleisch mit Knochen, Schweinefleisch, Pute)
einige Kirschtomaten
1 Stange Sellerie
1 Zwiebel
2 kg verschiedene Gemüse (Wirsing, Sellerie, Fenchel mit Grün, Scarola (eine Endivienart), Karden, Blumenkohl)
Salz
2 Handvoll gereifter Pecorino, gerieben
Zubereitungszeit: 2 ½ Stunden

Aus den verschiedenen Fleischsorten eine Brühe zubereiten, die Kirschtomaten, der Sellerie und die Zwiebel sorgen für den nötigen Geschmack. Die Brühe sollte mindestens 1½ Stunden köcheln.
In der Zwischenzeit die anderen in Stücke geschnittenen Gemüsesorten zusammen in einem weiteren Topf weich garen, dann abseihen.
Das Fleisch aus der Brühe nehmen, die Fleischbrühe durch ein feines Sieb in einen anderen Topf gießen und das Gemüse hineingeben. Etwa 40 Minuten köcheln lassen, dann salzen. Das Fleisch gegebenenfalls vom Knochen trennen, in mundgerechte Stücke teilen und in die Brühe geben. Die Suppe mit dem Pecorino bestreuen und servieren.

Orecchiette di grano arso con cime di zucchine
Orecchiette aus geröstetem Hartweizen mit Zucchinisprossen
FÜR 4 PERSONEN

200 g Orecchiette aus geröstetem Hartweizen (apulische Spezialität)
500 g zarte Zucchiniblätter und -sprossen (*cium di cucozz*)
2 Knoblauchzehen
Olivenöl extra vergine
Salz
gereifter Schafsricotta
Zubereitungszeit: 40 Minuten

Die äußeren Enden der Zucchiniblätter und -sprossen abschneiden und nur die zarten Teile und kleinen Blätter verwenden (wenn man die größeren Blätter ebenfalls verwenden will, die harten Fasern der Stiele und die dickeren Adern entfernen). Das geputzte, gründlich gewaschene Gemüse in reichlich Salzwasser kochen; wenn es gar ist, die Orecchiette dazugeben und fast gar kochen (das dauert etwa 5 Minuten). In einer Pfanne die Knoblauchzehen in Olivenöl so scharf anbraten, dass sie beinahe verbrennen. Die fast gar gekochten Orecchiette und das Gemüse abseihen und einige Minuten in der Pfanne mit dem Öl und dem Knoblauch braten; alles soll sich gut vermischen und zu einer Art grüner cremiger Sauce werden. Leicht salzen. Mit dem geriebenen Ricotta bestreuen und servieren.

Abbildung auf der gegenüberliegenden Seite

Pancotto con cime di rapa
Brotsuppe mit Cime di rapa
FÜR 4 PERSONEN

400 g Cime di rapa (Stängelkohl)
2–3 Strauchtomaten
2 Knoblauchzehen
einige Lorbeerblätter
1 Stück Chilischote
Salz
4 dicke Scheiben Bauernbrot vom Vortag
Olivenöl extra vergine
Zubereitungszeit: ½ Stunde

Die Cime di rapa waschen. Einen großen Topf mit 1½ l Wasser füllen, die im Ganzen belassenen Strauchtomaten, den ungeschälten Knoblauch, die Lorbeerblätter, die Chilischote und etwas Salz dazugeben. Zum Kochen bringen, die Cime di rapa dazugeben und 10 Minuten kochen lassen.
Knoblauch, Lorbeer und Chili aus der Suppe entfernen. Das Brot hineingeben und 1 weitere Minute kochen lassen. Zum Servieren mit reichlich Olivenöl extra vergine, am besten ganz frisch aus der Ölmühle, beträufeln.

Tiella di orzo, patate e cozze

Kartoffel-Miesmuschel-Auflauf mit Weizen

FÜR 4 PERSONEN

300 g Hartweizen in ganzen Körnern
1 kg Miesmuscheln
2 Zwiebeln
500 g Kartoffeln
500 g Tomaten
2 Zucchini
Olivenöl extra vergine
1 Handvoll gereifter Pecorino, gerieben
einige Basilikumblätter
Salz und frisch gemahlener Pfeffer
Zubereitungszeit: 2 Stunden plus Zeit zum Einweichen

Am Vorabend den Weizen in einem feinmaschigen Sieb unter fließendem Wasser abspülen, dann in kaltem Wasser einweichen. Am nächsten Tag den Weizen 30 Minuten im Einweichwasser kochen.
Inzwischen die Schale der Miesmuscheln mit einem Messer gründlich säubern. Die Muscheln öffnen, das Muschelwasser auffangen und die obere Muschelschale entfernen, die Flüssigkeit durch ein Sieb abseihen und aufbewahren.
Die Zwiebeln in feine Scheiben (nicht in Ringe trennen!) schneiden, die Kartoffeln, Tomaten und die Zucchini in etwas dickere Scheiben.
In einer gut mit Öl ausgefetteten Form erst eine Schicht Zwiebeln, dann eine Schicht Zucchinischeiben (jeweils etwa die Hälfte) verteilen, darauf die Kartoffeln geben, salzen und pfeffern. Die Miesmuscheln daraufsetzen und den abgeseihten Hartweizen darübergeben. Das Muschelwasser darübergießen und die Tomaten darauf verteilen, dann die restlichen Zucchini und Zwiebeln darüberschichten. Mit dem Pecorino, den zerpflückten Basilikumblättern, einer Prise Salz, etwas Pfeffer und zum Schluss mit ein wenig Olivenöl extra vergine bedecken.
Im vorgeheizten Backofen bei 180 °C etwa 45 Minuten überbacken. Das Gericht schmeckt warm oder kalt.

Abbildung auf der gegenüberliegenden Seite

Dolce di ricotta e pasta di mandorle con sedano caramellato

Ricotta-Mandel-Dessert mit karamellisiertem Sellerie

FÜR 4 PERSONEN

200 g Mandeln
150 g mit Vanille aromatisierter Zucker
1 TL Glukosesirup
300 g dunkle Schokolade
1 Stück Selleriestange (etwa 50 g)
50 g extrafeiner Zucker
Saft von ½ Zitrone
300 g Ricotta aus Kuhmilch
1 Biskuitboden
Moscato (oder ein anderer Süßwein)
Zubereitungszeit: 1 Stunde plus Ruhezeit

Die Mandeln häuten und mahlen. Mit der Hälfte des mit Vanille aromatisierten Zuckers und dem Traubenzucker zu einer geschmeidigen Masse verarbeiten. Mit einer Teigrolle ausrollen und um eine Kegelform herum zu einer spitzen Tüte formen. Die Oberfläche mit der geschmolzenen Schokolade bestreichen und die Masse ruhen lassen.
Den Sellerie waschen und würfeln, mit dem Zucker und dem Zitronensaft in eine Pfanne geben und braten, bis er goldbraun wird und karamellisiert, dabei ab und zu die Pfanne rütteln, damit nichts anbrennt.
Den Ricotta und den restlichen mit Vanille aromatisierten Zucker mit einem Schneebesen vermengen und den karamellisierten Sellerie hinzufügen.
Die Tüte aus Mandelmasse mit der Ricottacreme füllen und darauf den mit Moscato getränkten Biskuit schichten.
Für einige Stunden in den Kühlschrank stellen, damit sich das Dessert besser schneiden lässt.

crocifisso

Trattoria del Crocifisso

Via Principe Umberto 48 – 96017 Noto (Syrakus) – Tel.: 0039-0931-571151

Fotos von **Davide Gallizio**
Texte von **Carmelo Maiorca**

Tradition und Innovation in perfekter Harmonie. Il Crocifisso von Marco Baglieri verkörpert beides aufs Allerbeste und wird damit zu einer der interessantesten Osterie Italiens. Ein Erfolg, zu dem herausragende Kochkunst und Rohstoffe von ausgezeichneter Qualität gleichermaßen beitragen.

In Noto, der berühmten Barockstadt Siziliens, spielt sich das Leben hauptsächlich entlang des Corso Vittorio Emanuele ab, der dreimal von malerischen Piazze unterbrochen wird. In der Oberstadt liegt rund um die Barockkirche SS. Crocifisso Pianalto, eines der ältesten Viertel der Stadt, bei den Einwohnern heißt es *cianàzzu*.

Ganz in der Nähe dieser Kirche befindet sich die Trattoria von Marco Baglieri, die auf eine Geschichte von fast 30 Jahren zurückblicken kann, wobei sie mehrfach im Viertel umgezogen ist. 1983 kehrte die Familie des jetzigen Inhabers aus Deutschland nach Noto zurück. Der Vater Salvatore war Ende der 1960er Jahre dorthin gezogen, um in einer Fabrik in der Nähe von Köln zu arbeiten. 1985 beschloss Salvatore, in der Via Cirillo eine klassische *putìa 'ro vinu* zu eröffnen, wo Wein frisch vom Fass serviert wurde, aber auch Bier und nicht-alkoholische Erfrischungsgetränke. Seine Frau Corradina unterstützte ihn dabei und nachmittags half auch der jüngere Sohn Marco mit, der mit seinen 14 Jahren noch aufs Gymnasium ging.
„Meine Mutter hatte dann die Idee", so Marco Baglieri, „zum Wein auch ein paar einfache Gerichte anzubieten, wie hart gekochte Eier, mit Salz, Chilischoten und Öl angemacht, Frikadellen mit Kartoffeln, Kalbskutteln oder mit Ricotta gefüllte Ravioli in Fleischsauce. Mit dem kulinarischen Angebot wuchs auch die Kundschaft und immer mal wieder kam die Anfrage, ganze Abendgesellschaften zu bewirten. Doch das Lokal wurde zu klein und daher zog mein Vater mit der *putìa* in eine Nebenstraße, die Via Sbano, in der Platz für 20 Gedecke war. In der Zwischenzeit erweiterte meine Mutter die Speisekarte um süßsaures Kaninchen, frittierte Meerbarben und andere typische regionale Gerichte."
Fast bis zum Ende der 1990er Jahre bediente die Familie Baglieri eine kleine Stammkundschaft. Mit der Zeit kamen dann aber immer mehr Gäste aus Syrakus, Catania und anderen Regionen dazu, die auf der Suche nach ursprünglichen Gerichten den Weg in die kleine Trattoria fanden. Die entscheidende Wende kam mit dem letzten Umzug in die Via Principe Umberto, wo sich das Lokal noch heute befindet. Zum ersten Mal wurde Il Crocifisso im Slow-Food-Führer *Osterie d'Italia* 2001 erwähnt. Besonders gelobt wurde die gemütliche Atmosphäre der Gasträume und die Entwicklung von der Taverne zur Osteria. Der Führer beschrieb, wie Sohn und Geschäftsinhaber Marco die Bestellungen aufnahm, während in der Küche Mutter Corradina mit Unterstützung ihrer Enkelin hervorragende Gerichte aus der ursprünglichen regionalen Küche zubereitete.
Seit damals hat sich einiges verändert, und zwar nicht nur die Einrichtung. Salvatore starb 2008 und wenig später beschloss seine Frau, ihrem Sohn auch in der Küche das Regiment zu überlassen. Dort hatte Marco von ihr schon Etliches gelernt. „Ganz eindeutig habe ich von ihr das Rüstzeug mitbekommen", betont er, „sie hat mir Rezepte und Zubereitungsmethoden beigebracht. Daneben hat zu meiner Ausbildung in der Küche entscheidend meine Oma Lucia beigetragen, meine Großmutter mütterlicherseits. Sie war eine Expertin für Eingemachtes mit Erzeugnissen aus dem eigenen Garten, aber auch für in Öl eingelegte

Sardellen. Mein Vater dagegen kannte sich ausgezeichnet mit Kräutern und Wildgemüse aus. Er war ein sehr selbstbewusster Mann, der mir gezeigt hat, wie wichtig es ist, sich in Arbeit und Leben gleichermaßen einzusetzen."

Marco Baglieri hat den starken Willen, sich beruflich weiterzuentwickeln, und verfolgt diesen Weg unbeirrt. „Irgendwann habe ich gemerkt, dass wir auf der technischen Seite fachlichen Beistand brauchen. Da war mir der hervorragende Chefkoch Ciccio Sultano eine große Hilfe, der mir bereitwillig Tipps und Tricks auch in Bezug auf die – möglichst lokalen – Produkte gegeben hat. Qualität ist schließlich entweder da oder nicht, man muss sie nur erkennen können. Durch meine Erfahrung kann ich inzwischen 80 Prozent unserer Rohstoffe in der Nachbarprovinz Ragusa erwerben, der Rest kommt hier aus dem Ort und der Fisch wird von der nahen Küste des Ionischen Meers geliefert."

Mit gleicher Sorgfalt widmet sich der Inhaber und Chefkoch des Crocifisso seinen Kreationen, zum Beispiel den mit Auberginen gefüllten Reisbällchen oder verschiedensten Lasagne-Variationen. Diese genussvollen Beispiele für die Neue Küche Siziliens stehen gleichberechtigt auf der Karte neben traditionellen Spezialitäten wie der deftigen Bohnensuppe *macco di fave*, dem in Gemüse geschmorten Kaninchen *alla stimpirata* oder den Fischgerichten *a tunnina che pipi*, Thunfisch mit Chilischoten, oder Goldmakrele *alla matalotta*, mit Wein-Zwiebel-Sauce. Hervorragend zubereitet, einfach köstlich und zu Recht unverzichtbar!

Foto: © Armando Rotoletti

Mandeln aus Noto

Zu den ersten Wissenschaftlern, die sich mit der Katalogisierung der verschiedenen Mandelsorten in Sizilien beschäftigten, gehörte Giuseppe Bianca. In seinem Handbuch aus dem Jahr 1872 machte er mehr als 752 Kultivare (Kulturvarietäten) aus, unter ihnen die „Romana", die besonders in der Umgebung von Noto verbreitet war. Der Name leitet sich von dem der Bauernfamilie ab, auf deren Feldern die Sorte entdeckt wurde. In der Umgebung von Noto werden drei Mandelsorten angebaut: Romana, Pizzuta d'Avola und Fascionello. Diese drei alten Mandelsorten haben eine dicke, holzige Schale, die das Fett in den Mandeln beschützt und so den Geschmack und den Duft der Mandeln für lange Zeit bewahrt; doch dafür ist die Ernte nicht sehr ergiebig. In den Mandelgärten von Noto beginnt die Arbeit Ende September mit der Bewässerung der Bäume, dann geht es im Dezember weiter, wenn die wild wachsenden Triebe aufgepropft werden. Drei- bis viermal im Jahr wird der Boden umgepflügt und einmal gedüngt. Im Juli und August schwärmen die *ciurme*, die Erntetrupps aus, schlagen mit langen Rohren gegen die Zweige und fangen die Mandeln in großen, auf dem Boden ausgebreiteten Baumwolltüchern auf. Dann werden sie eingesammelt und von der Außenschale befreit. Die dazu benutzte Maschine arbeitet nach einem ganz einfachen System: Sie hat oben einen großen Trichter, unter dem sich eine Walze dreht; so werden die Schalen aufgebrochen und von den Kernen getrennt. Diese werden dann in der Scheune zum Trocknen ausgebreitet. Die weiteren Produktionsprozesse (Schälen, Rösten, Weiterverarbeitung) sind nicht mehr Sache der Bauern, die nur das Grundprodukt liefern. Mit Entstehung des Slow-Food-Förderkreises wurde ein Regelwerk aufgestellt und die Mandelbauern haben sich in einer Vereinigung zusammengeschlossen mit dem Ziel, größere Autonomie zu erlangen und in Zukunft die Mandeln selbst weiterzuverarbeiten und direkt zu verkaufen.

Turbante di pesce bandiera su crema di finocchio e zafferano

Bandfischröllchen mit Fenchel-Safran-Creme

FÜR 4 PERSONEN

1 Bandfisch (etwa 1 kg)
Olivenöl extra vergine
Salz und frisch gemahlener schwarzer Pfeffer
Für die Füllung
½ Zwiebel
50 g Mandeln (möglichst die Sorte Pizzuta d'Avola)
50 g Pistazien (möglichst aus Bronte)
10 grüne Oliven ohne Stein
1 kleine Handvoll gewässerte Kapern
Olivenöl extra vergine
3–4 in Öl eingelegte Sardellen
1 Glas passierte Tomaten
250 g altbackenes Brot ohne Rinde, gerieben
1 Bund glatte Petersilie
1 Zweig Oregano
einige Basilikumblätter
Für die Sauce
2 mittelgroße Kartoffeln
2 Fenchel
1 Knoblauchzehe
1 Bund glatte Petersilie
Olivenöl extra vergine
Gemüsebrühe
0,3 g Safran
Zubereitungszeit: 1 ½ Stunden plus Zeit zum Abkühlen und Ruhezeit

Am Vorabend mit der Füllung beginnen. Dazu die Zwiebel, die Mandeln und Pistazien jeweils separat hacken. Oliven, Kapern und so viel Olivenöl extra vergine im Mixer verarbeiten, dass eine glatte Creme entsteht. Die Zwiebel in heißem Öl anbraten, vom Herd nehmen, die Sardellen, die gehackten Mandeln und Pistazien sowie die Oliven-Kapern-Creme hinzufügen. Gründlich vermischen und das mit den passierten Tomaten vermengte geriebene Brot dazugeben. Kurz unter Rühren dünsten, dann mit den gehackten Kräutern würzen. Noch 1 Minute dünsten, dann vom Herd nehmen und abkühlen lassen. (Man kann die Füllung einige Tage im Kühlschrank aufbewahren und ebenso gut Fleisch damit füllen).

Ebenfalls am Vorabend den Bandfisch putzen, entgräten und in vier Filets zerteilen. Mit etwas Olivenöl beträufeln, salzen und pfeffern. Auf jedes Filet ein Viertel der Füllung geben und mit den Händen sorgfältig darauf verteilen. Die Filets wie auf der Abbildung gegenüber aufrollen, einzeln in Frischhaltefolie wickeln und die Enden der Folie zusammendrehen, sodass sie aussehen wie große Bonbons (wenn ein Vakuumiergerät zur Hand ist, lieber einschweißen, dann wird die Rolle noch kompakter). Über Nacht im Kühlschrank ruhen lassen.
Am nächsten Tag die Folie entfernen und die Fischröllchen im vorgeheizten Backofen bei 200 °C etwa 20 Minuten garen (Die Garzeit hängt von der Größe des Fisches ab).
Für die Sauce die Kartoffeln schälen und würfeln, den Fenchel putzen und grob würfeln, den Knoblauch und die Petersilie hacken. Den Knoblauch in einer Pfanne mit Öl anbraten, dann die Kartoffel- und Fenchelstücke sowie die Petersilie dazugeben. Salzen und pfeffern. Mit Gemüsebrühe bedecken und köcheln lassen. Wenn die Kartoffeln und der Fenchel weich sind, den Safran hinzufügen, vom Herd nehmen und durchziehen lassen.
Alles durch ein Sieb abseihen und die Flüssigkeit auffangen. Das abgeseihte Gemüse mit einem Stabmixer zu einer glatten Sauce verarbeiten und nur bei Bedarf etwas von der Flüssigkeit hinzufügen. Die Sauce durch ein feines Sieb streichen.
Zum Servieren je 1 EL der Sauce als Saucenspiegel auf einen Teller gießen, je ein Fischröllchen darauf anrichten und etwas Olivenöl darüberträufeln.

Abbildung auf der gegenüberliegenden Seite

Coniglio alla stimpirata

Geschmortes Kaninchen mit Gemüse

FÜR 4 PERSONEN

1 Kaninchen (etwa 1,3 kg)
Olivenöl extra vergine
2 Knoblauchzehen
1 kleiner Zweig Rosmarin
Salz und frisch gemahlener schwarzer Pfeffer
einige Blätter Minze
trockener Weißwein
3 Karotten
½ Kopf Stangensellerie
1 große weiße Zwiebel
3 rote Paprikaschoten
1 TL Kapern
10 grüne Oliven ohne Stein
1 gehäufter EL Orangenblütenhonig
½ Glas Rotweinessig
Zubereitungszeit: 1 ¼ Stunden plus Zeit zum Ziehen

Das Kaninchen in 14 Stücke zerteilen (Vorderläufe und Hinterschlegel in zwei Teile hacken, den Bauch in vier, den Rücken in zwei Teile hacken), waschen und mit Küchenpapier gut abtrocknen. Etwas Olivenöl in zwei Pfannen geben, die Knoblauchzehen und den Rosmarin auf beide Pfannen verteilen und anbraten. Die Kaninchenteile auf die beiden Pfannen verteilen (alternativ das Fleisch portionsweise anbraten; durch die Verteilung auf zwei Pfannen soll verhindert werden, dass zu viel Flüssigkeit austritt) und von allen Seiten kräftig anbraten. Salzen und pfeffern, die Minzeblätter dazugeben und mit einem Schuss Wein ablöschen. Wenn der Alkohol verkocht ist, sollte eine cremige Sauce entstanden sein. Die Kaninchenteile in einen Bräter oder eine Ofenform geben und im vorgeheizten Backofen bei 185 °C ungefähr 15 Minuten garen.
Inzwischen das Gemüse zubereiten. Die Karotten und den Sellerie waschen und putzen, in kleine Würfel schneiden und in einer großen Pfanne kurz anrösten (sie sollten knackig bleiben). Dann herausnehmen. Die gehackte Zwiebel und die gewürfelten Paprikaschoten in der Pfanne in etwas Öl anbraten. Die gerösteten Karotten- und Selleriewürfel, die Kapern, die Oliven und den Honig untermischen, mit dem Essig ablöschen und so lange kochen, bis die Flüssigkeit beinahe verkocht ist.
Das Kaninchen aus dem Ofen holen, mit dem Gemüse bedecken und den Bräter oder die Form mit Frischhaltefolie luftdicht verschließen, damit das Kaninchen mit dem Gemüse in einem natürlichen Vakuum einige Stunden durchziehen kann.
Traditionell wird dieses Gericht lauwarm serviert.

Abbildung auf der gegenüberliegenden Seite

Cannolo di ricotta

Cannoli mit Ricottafüllung

FÜR 10 CANNOLI

Für die Cannoli
70 g Weizenmehl Type 00 (ersatzweise Type 405)
10 g extrafeiner Zucker
110 ml Rotwein
20 g Schmalz
1 Prise Salz
Sonnenblumen- oder Maisöl zum Frittieren
Für die Füllung
300 g Ricotta aus Kuhmilch, mindestens 2 Tage durch ein Sieb abgeseiht
95 g extrafeiner Zucker
1 Prise gemahlener Zimt
Zum Garnieren
Pistazien
Zubereitungszeit: 1 Stunde plus Ruhezeit

Für die Cannoli alle Zutaten bis auf das Öl auf einer Arbeitsfläche – oder in einer Küchenmaschine mit Mittelarm – zu einem festen, glatten Teig verkneten. In Klarsichtfolie wickeln und mindestens 4 Stunden im Kühlschrank ruhen lassen.
Anschließend den Teig dünn ausrollen und zehn Kreise von 8–10 cm Durchmesser ausstechen. Diese auf die speziellen Cannoli-Metallzylinder aufrollen. In reichlich Sonnenblumen- oder Maisöl bei 170 °C 1–1½ Minuten frittieren, herausnehmen, sobald sie goldbraun sind, und auf Küchenpapier abtropfen lassen.
Für die Füllung alle Zutaten in einer Schüssel (oder Küchenmaschine) zu einer festen, glatten Creme verrühren. In einen Spritzbeutel geben und die Cannoli erst kurz vor dem Servieren (sonst werden sie weich und sind nicht mehr luftig-locker) von beiden Enden je zur Hälfte mit der Creme füllen. Mit gehackten Pistazien bestreuen.

Die Lammkarrees waschen und mit Küchenpapier trockentupfen. Mit Salz und Pfeffer bestreuen, in einen Bräter oder eine große Auflaufform geben und zwei Gläser Wein angießen. Die Kartoffeln schälen, in gleichmäßige, nicht zu dünne Spalten schneiden und um die Lammkarrees verteilen. Im vorgeheizten Backofen bei 180 °C etwa 40 Minuten braten, dabei das Fleisch ab und zu mit dem Bratenfond begießen. Wenn alles schön gebräunt ist, Fleisch und Kartoffeln herausnehmen und warm stellen. Den Bratenfond aufbewahren.
Die Zwiebeln schälen und fein hacken. Die Butter bei geringer Temperatur in einer kleinen Pfanne zerlassen, die Zwiebeln darin einige Minuten anschwitzen. Die Brühe erhitzen und das Mehl einrühren, dann mit dem Bratenfond und dem restlichen Wein zu den Zwiebeln geben. Mit Salz abschmecken und bei geringer Temperatur zu einer dicken Sauce einkochen. Die Lammkarrees und die Kartoffeln auf einer großen Platte anrichten, mit der Weinsauce begießen und sofort servieren.

Abbildung auf der gegenüberliegenden Seite

Tartellette con crema di limone

Zitronencremetörtchen mit Vanilleeis

FÜR 6–8 PERSONEN

Für den Mürbeteig
425 g Farina trebula (Mischung aus verschiedenen Vollkornmehlsorten aus Getreiden und Hülsenfrüchten; ersatzweise Vollkornmehlmischung nach Geschmack, z.B. aus dem Reformhaus)
85 g Kartoffelmehl
465 g zimmerwarme Butter, mehr für die Förmchen
150 g Puderzucker
1 Dotter von einem hart gekochten Ei
2 g Fleur de Sel mit Vanillearoma
Für die Zitronencreme
2 Bio-Zitronen
1 EL Maisstärke
4 Eier
150 g extrafeiner Zucker
100 g zimmerwarme Butter
Für das Vanilleeis
380 ml Milch
150 ml Schlagsahne
90 g Zucker
1 Vanilleschote
Außerdem
3 Handvoll Himbeeren
Saft von 2 Zitronen
2 EL extrafeiner Zucker
2 Handvoll Puderzucker
Zubereitungszeit: 1 ½ Stunden plus Ruhezeit für den Teig und Zeit zum Abkühlen

Den Mürbeteig bereits am Vortag zubereiten. Dazu die beiden Mehlsorten mischen. Die Hälfte der Mehlmischung, den Zucker, die Butter, den zerkrümelten Dotter und das Fleur de Sel langsam von Hand oder mit einer Küchenmaschine mit einem Mittelarm verkneten. Wenn alles gut vermengt ist, das restliche Mehl unterkneten, bis ein glatter Teig entsteht. Zu einer Kugel formen und in Klarsichtfolie gewickelt über Nacht im Kühlschrank ruhen lassen.
Am nächsten Tag 6–8 mit Butter gefettete Förmchen mit dem Teig auskleiden und im vorgeheizten Backofen bei 160 °C etwa 10 Minuten backen.
Für die Zitronencreme die Schale der Zitronen abreiben und den Saft auspressen. Die Maisstärke mit dem Zitronensaft verrühren. In einer hitzebeständigen Schüssel mit hohem Rand die verquirlten Eier mit der Zitronenschale, der im Zitronensaft aufgelösten Maisstärke, dem Zucker und der weichen Butter sorgfältig vermischen. Im heißen (nicht kochenden!) Wasserbad so lange schlagen, bis sich eine feste Creme bildet. Die Creme durch ein feines Sieb passieren, um Klümpchen und Reste der Zitronenschale zu entfernen, dann abkühlen lassen.
Für das Eis Milch und Sahne in ein Glasgefäß gießen und den Zucker sowie das ausgeschabte Vanillemark dazugeben. Rühren, bis der Zucker sich vollständig aufgelöst hat. Dann die Mischung in eine Eismaschine geben und nach Herstellerangaben 30–40 Minuten gefrieren lassen.
Etwa zwei Drittel der Himbeeren mit dem Zitronensaft und dem Zucker pürieren.
Zum Servieren die Törtchen jeweils in die Tellermitte setzen, mit je 2 EL Zitronencreme bestreichen, mit frischen Himbeeren garnieren und mit etwas Puderzucker bestauben. Die Himbeersauce außen herum verteilen und eine Kugel Vanilleeis hineinsetzen.

ZENOBI
Ristoro
di Campagna

Zenobi

Contrada Rio Moro 132 – 64010 Colonnella, Rio Moro (Teramo) – Tel.: 0039-0861-70581

Fotos von **Davide Gallizio**
Texte von **Antonio Attorre**

Das Zenobi ist eine Osteria mitten in der großartigen Landschaft der Abruzzen, in der Sorgfalt im Detail geübt und nichts dem Zufall überlassen wird. Die Küche von Patrizia Corradetti lässt sich von der Tradition inspirieren und legt viel Wert auf die Suche nach guten Rohstoffen, wobei die Produkte aus dem hauseigenen Gemüsegarten, Weinberg und Olivenhain schon einen Großteil dazu beitragen.

Gibt es ein besonderes Detail, das alles über diese Osteria verrät? Da könnte man mehr als eines nennen, aber greifen wir ein ganz einfaches heraus, das schon viel über die Sorgfalt aussagt, mit der man sich in dem schönen Landhaus bei Colonnella den Rohstoffen widmet.

Reden wir über die in Olivenöl extra vergine eingelegten Chilischoten, ein besonders in den Abruzzen beliebtes Würzmittel, das hier jeden Tag frisch zubereitet wird: Die im eigenen Garten gesammelten Chilischoten werden in Öl aus eigener Herstellung eingelegt und für all diejenigen einfach hingestellt, die es gern noch etwas pikanter mögen. Doch schon am nächsten Tag wird das Ganze neu angesetzt und nicht, wie andernorts üblich, tage- oder wochenlang aufbewahrt, bis sich das Olivenöl mit ursprünglich zarter Schärfe in eine teuflische Altöllast verwandelt hat.

Wo wir gerade bei den Chilischoten sind – hier ist Italien geografisch zweigeteilt: In manchen Regionen verwendet man sie gern und häufig, in anderen zieht man zum Würzen Pfeffer vor. Die Grenze bildet dabei der Tronto, dessen Verlauf die Regionen Marken und Abruzzen trennt. Patrizia Corradetti aber, die Inhaberin des Zenobi in Colonnella, sieht diesen Fluss eher als Lesezeichen in einem Kochbuch zwischen den Seiten der Vergangenheit und denen der Gegenwart. Im Grunde trennt er nur locker die Rezepte aus Offida in der Provinz Ascoli Piceno und die Gerichte aus Teramano in den Abruzzen. Im Restaurant wird die Tradition beider Regionen gepflegt, zum Beispiel beim Ziegenragout *alla neretese* (siehe Rezept) oder bei der deftigen Bohnensuppe der „Tugenden" – *virtù* –, aber auch mit den gefüllten und frittierten Oliven *all'ascolana*, dem Stockfisch-Menü und den von Hand ausgezogenen Nudeln.

„Ich bin in Offida geboren, also auf der andere Seite des Flusses", erinnert sich Patrizia, „aber dann habe ich einen Mann aus den Abruzzen geheiratet, der einen Landwirtschaftsbetrieb führte, in dem hauptsächlich Wein angebaut wurde. Als er starb, musste ich die Leitung übernehmen und ich beschloss, dort auch etwas zu essen anzubieten. Und das mache ich jetzt seit 20 Jahren." Nur auf den ersten Blick erscheint dies als einfache Entscheidung: „Zunächst haben mir viele gesagt, sie würden nicht zu mir kommen, *timballo*-Auflauf und Frikadellen würden sie ja häufig selbst zu Hause kochen. Aber sie haben rasch gemerkt, dass Gerichte gleichen Namens nicht immer dasselbe sind. Sie haben die Arbeit, die hinter meinen Gerichten steht, schätzen gelernt."

Da haben wir es wieder, das Detail, vielmehr die vielen Details, die den Unterschied ausmachen und die dazu beitragen, einen eigenen Weg zu kennzeichnen: Da sind beispielsweise die Ravioli aus Schafsricotta mit einer Sauce aus grünen Tomaten. Auf den ersten Blick mag das für jemanden, der nach modernen Gerichten sucht, ziemlich unspektakulär daherkommen. Doch dem aufmerksamen Gast fällt das Besondere daran nach und nach auf, genauso wie *My Funny Valentine* von Chet Baker, das im Hintergrund läuft. Es ist wie bei Giorgio Morandis Gemälden von Flaschen, bei denen man auch immer mindestens zwei Mal hinschauen muss. Die üblichen Flaschen, die übliche Musik, denkt man: In Wirklichkeit steckt